スポーツする人の栄養・食事学

樋口 満
Higuchi Mitsuru

a pilot of wisdom

目次

Q　現在の食事の量が適切か、どのように確認したらいいですか？

Q　1日の食事の量はどのくらい必要か、具体的に知る方法はありますか？

Q　1日の食事の量は、競技種目によってどのくらい違うものですか？

Q　サプリメントでパフォーマンスを向上させることはできますか？

Q　スポーツドリンクを飲むことで、どのような効果が期待できますか？

Q　スポーツには欠かせない水分補給ですが、注意しなければならないことはなんですか？

Q　無理なく減量するために、食事で気をつけなければいけないことはなんですか？

Q　無理なく体重を増やす食事のむずかしさはどこにありますか？

Q　スタミナをつけるには、どのような食事が好ましいですか？

Q　朝食をしっかりとる時間がないときはどうしたらいいですか？

Q　外食でも栄養のバランスがとりやすい工夫はできますか？

Q　スポーツをする人が「間食」してもかまわないのですか？

Q　飲酒はスポーツをする人にどのような影響がありますか？

図版作成／ＭＯＴＨＥＲ

はじめに　なぜ、スポーツに食事や栄養はそれほど重要なのか

あなたやあなたの家族は今、どんなスポーツを楽しんでいますか。サッカーですか、野球ですか、それとも水泳ですか？　大会に出場して、きちんと結果を出していますか？　それとも、なかなか勝てずに、悩んでいるでしょうか？　もしそうだとしたら、食事や栄養のとり方が関係しているのかもしれません。

一口にスポーツといっても、「競技」の数は約200種類もあるといわれ、さらに細かく「種目」に分かれています。これだけ多くの競技種目がありますから、祖父母・両親・子どもたちが同居する家族で、それぞれの世代で必ずだれかがなにかしらの競技種目を経験したことがある、あるいは今も楽しんでいるというスポーツ一家も少なくないでしょう。

プロ選手、オリンピックや世界選手権への出場、国体や全日本選手権での活躍を目指す社会人、部活動でインカレ、インターハイ出場を目標に励む大学生や高校生、地元のチー

ムやクラブに入って日々熱中する中学生や小学生、あるいはまた、健康のため、気分転換のために趣味として体を動かすことを楽しみ、できればマスターズ大会に挑んでみたいというミドルやシニア世代など、スポーツの志向や適性は、人や世代によってまちまちです。

そのなかで、よく耳にする「アスリート（athlete）」とは、「あるスポーツ種目を専門に行い、競技大会に出場して結果を出すため、身体的な強さや俊敏性、スタミナといった競技能力を向上させるためにトレーニングを積み、その技を習熟しているスポーツ選手」を指します。

関心が高まるスポーツ栄養学

スポーツを楽しむ人からアスリートにいたるまで、「より強くなりたい」「勝ちたい」という願望は、さまざまな角度からスポーツを科学的に追究しようとする大きな流れを起こしました。その1つ、運動・スポーツと食事・栄養との関係を研究する「スポーツ栄養学」も、著しく発展してきました。

スポーツ栄養学とは、その名のとおり、「どのような食事や栄養素を摂取したらスポーツのパフォーマンスを向上させることができるかを科学的に解明するための学問分野」のことです。

ひと昔前まで、「力をつけたかったらごはんを食べろ」「肉さえ食べていれば筋肉はつく」「運動中は絶対に水を飲んではいけない」といったさまざまな通説がまかり通っていました。運動中の水分補給禁止にいたっては「運動に集中していない証拠」と言わんばかりで、その根拠ははっきりせず、今となっては信じられない指導が多くのスポーツ現場で行われてきました。

また、ジンクスや言い伝えにとらわれ、験《げん》を担ぐ選手も多くいます。試合前にあるものを食べたらいい成績が出たことに味をしめて、同じものをずっと食べ続ける人、あるいは、これを食べたから負けたとその後はいっさい口にしない人……。

語呂《ごろ》合わせによる験担ぎもあります。トンカツ定食やカツ丼は「勝つ」につながる、ウインナーを食べれば「勝利者（ウィナー）」になる、おむすびは「勝つに結びつく」、納豆や長芋を食べれば「粘り」が出るなど、さまざまです。

ジンクスも、言い伝えも、験担ぎも、科学的な根拠に基づかないことがまかり通っていたという事実は、食事の質とスポーツのパフォーマンスとの関係が重要視されていなかった証《あかし》でもあります。

しかしながら、30年ほど前から、食事の質や摂取のしかたによってその効果に違いが生じることが明らかになりはじめ、研究の成果が管理栄養士による食事の指導などのかたちでスポーツの現場でも積極的に生かされるようになってきました。

今では、オリンピックや国際大会はもちろんのこと、国内での主要な競技大会にも食事・栄養を管理する担当者が同行して、食事・栄養面から選手をサポートするケースが増えています。そればかりか、最近では、ジュニアに対して、できるだけ早い段階で、食事と競技に関する意識を高めてもらうための指導も行われるようになってきました。

国際スポーツ栄養学会（International Society of Sports Nutrition：ＩＳＳＮ）や、特定非営利活動法人日本スポーツ栄養学会（Japan Sports Nutrition Association：ＪＳＮＡ）の設立も、スポーツ栄養学に対する関心の高まりを示しています。スポーツ栄養学の研究の促進と情報交換、専門家の教育・養成、選手の競技能力向上だけでなく、広く一般の人たちの健康の維持・増進に寄与することを目的としています。

食事・栄養の摂取はトレーニングの一環

スポーツ栄養学においては、運動・スポーツと、食事・栄養との関係を、どのような視点でとらえるかが大事です。まとめると、次の3つです。

① パフォーマンス（競技能力、運動のスキルとパワー）を高めるための食事・栄養

競技能力を持続的に高めるためには、まずは健康であることが基本です。そのうえで、どの栄養素であっても、摂取不足は競技能力の低下につながります。そのために、十分でなおかつ過剰ではないバランスのいいとり方が重要になってきます。

② スポーツをする人に多い健康問題を防ぐための食事・栄養

たとえば、女性に多くみられる健康問題には「摂食障害をともなう、またはともなわない低利用可能エネルギー」「視床下部性無月経」「骨《こつ》粗鬆症《そしょうしょう》」があり、これらは「女性アスリートの三主徴（Female Athlete Triad：ＦＡＴ）」と呼ばれています。

無月経の原因としては、運動量に見合った食事・栄養素が摂取できていないエネルギー不足が考えられます。また、女性でスポーツをする人に多いのが鉄欠乏性貧血です。理論的には、鉄を十分摂取すれば解決するはずのものですが、スポーツをする人の貧血については まだ解明されていないことも多くあります。食事・栄養によって、スポーツをする人に多いこうした健康問題をどう解決するかが課題です。

③ 運動・スポーツによる健康づくりを支える食事・栄養

生活習慣病のほとんどは、運動不足と偏った（バランスの悪い）栄養素の摂取の双方が原因とされています。この双方の質的・量的な関係の解明は、私たちの健康の維持・増進にはきわめて重要です。

つまり食事・栄養の摂取が適切に管理されることが、睡眠・休養とあわせて、競技能力を高めるためのトレーニングの基盤となります。

トレーニングというと、筋力と全身持久力（全身運動を長く続けられる能力：スタミナ）を高め、競技能力を向上させ、スポーツをする人に多い健康問題を予防し、ひいては生活習慣病のリスクを低下させることを目的に、骨格筋を適切に刺激するものと考えるのが基本です。

しかし、それだけでは十分とはいえません。

やはり、食事・栄養の摂取が適切に管理されてこそ、トレーニングの効果が十分に発揮されるための長期的な体づくりと、競技を行うにあたっての短期的なコンディション調整に貢献し、スポーツをする人の健康の維持・増進にも寄与できるのです。食事・栄養の適切な摂取は、トレーニングやコンディション調整の重要な一環でもあります。

食事・栄養が重要な理由はとてもシンプル

では、私たち人間にとって、食事や栄養はなぜ、それほどまでに重要なのでしょうか。

その答えは、とてもシンプルです。

人間の体は、水分を含めて食べ物からできているからです。

体は常につくり替えられていますが、生体の構造と代謝の基本単位は細胞です。その材料や生きるためのエネルギーは、食べ物からしか摂取できません。

植物の場合、ほとんどの植物細胞には色素体があります。そのうちもっとも重要な葉緑体という細胞小器官は、光エネルギーを利用して二酸化炭素と水から有機物を合成する「光合成」という機能をもっています。植物は、葉緑体に光が当たることで、生きるための養分（デンプンなど）を自分でつくり出すことができるのです。

いっぽう、動物細胞には色素体が存在しないので、光合成はできません。どんなに太陽の光を浴びたとしても、おなかがいっぱいになることはないし、栄養を吸収することもできません。動物は食べ物を口から摂取する以外に生命を維持する方法はありません。

18世紀から19世紀にかけてのフランスの法律家・政治家、ジャン・アンテルム・ブリア＝サヴァラン（Jean Anthelme Brillat-Savarin）は美食家としても知られ、『美味礼讃《らいさん》』を著しました。そこには、20の箴言《しんげん》（アフォリスム）が書かれていますが、そのうちの3つを紹介します。

「生命がなければ宇宙もない。そして生きとし生けるものはみな養《やしな》いをとる」
「どんなものを食べているか言ってみたまえ。君がどんな人であるかを言いあててみせよう」
「造物主は人間に生きるがために食べることを強いるかわり、それを勧めるのに食欲、それに報いるのに快楽を与える」

（『美味礼讃』関根秀雄・戸部松実訳、岩波文庫）

サヴァランが言うように、これまでどんなものを食べてきたかによってその人のさまざまな状態が分かってしまうほど食事の影響力は大きく、けっしておろそかにしてはいけないものなのです。

私たちは、なぜ毎日食事をするのでしょうか。おいしいものを食べたいから、おなかがすくから、ごはんを食べないと大きくなれないから、両親に叱られるから……。どれも間違ってはいませんが、基本的なことをいえば、食べないと生きていけないから、生きていくためのエネルギーを補うためだからです。

朝が来れば朝食を、お昼になれば昼食を、夜を迎えれば夕食をというように、毎日その時間が来ると、お決まりのように食事をします。

しかしながら、毎回毎回、食事の質（内容）をきちんと意識している人はどのくらいいるでしょうか。ましてや、スポーツをする人にとっては、長くてきびしいトレーニングによって肉体をきたえ上げ、パフォーマンスを向上させ、ベストのコンディションで競技に臨み、きちんと結果を出すために、食事の重要性はより大きなものであるはずです。

スポーツ栄養学に対する誤解

スポーツ栄養学は、スポーツをする人を対象に、適切な食事・栄養のとり方の情報を提供するために行われる研究です。なにを、どれだけ、どのタイミングで食べたら、どのような効果があるのかを具体的に提示するのが主眼です。

なかには、「これだけ食べれば」といったように、手間をかけずにすぐに結果に結びつくような食事のしかた、栄養素のとり方はないものかと、スポーツ栄養学に過度な期待をかけがちな人たちも少なからずいるようです。

しかし、現実はそう甘いものではありません。食事によって競技に適した体にきたえ上げるのは一朝一夕にはいきません。食事の効果が目に見えるかたちであらわれるまでには日々の積み重ねが必要ですので、その認識すらない人は、しびれを切らして途中で挫折してしまうというわけです。スポーツ栄養学は、そのような短絡的な期待に応えられる学問ではないのです。

そのいっぽうで、トップアスリートが日々どのような食事をしているのかという情報がさまざまなメディアで取り上げられるようになり、楽しみや健康を目的としたスポーツ愛好者やジュニア層を加えて幅広く、食事・栄養のサポートに対するニーズが高まってきたこともたしかです。

それに応えるべく生まれたのが、公益財団法人日本スポーツ協会と公益社団法人日本栄養士会の共同認定による「公認スポーツ栄養士」と呼ばれる資格です。スポーツチームや団体において、監督、コーチ、トレーナーや、医学・科学の専門分野のスタッフと連携し、栄養面から専門的なサポートを行うスポーツ栄養の専門家です。

ただ、スポーツをする人すべてが、こうした専門家の栄養指導を受けられるわけではありません。

そこで、私たちに求められるのは、スポーツをする人にとって食事・栄養はけっしてないがしろにしてはいけないということを常に意識することです。加えて、パフォーマンスの向上や良好なコンディションの維持のためには、なにをどのように摂取するのが効果的なのか、またその科学的根拠はなにかなど、正しい知識をしっかり身につける以外にありません。

1ついえるのは、「みんながやっているから、自分もやる」という考えは危険だということです。なぜなら、健康状態やトレーニングの方法、その時々の体調、性別、年齢、遺伝素因、体質などさまざまな要因によって、なにが必要なのか、どういうことをしたらいいのかには個人差があるからです。

なかなか勝てない理由はどこにあるのか

スポーツ経験者でしたら、毎日毎日一生懸命トレーニングしているのになかなか試合に勝てない、今一つ結果に結びつかないという、なんとももどかしい思いをしたことのある人は多いでしょう。

その理由として、よいコンディションでトレーニングを行ってきたのか、そのトレーニングによって得たベスト・コンディションをキープしたまま試合に臨んだかに、結果はかかっているからです。

結果を出せなかったアスリートが、「コンディションが悪かった」「かぜをひいてしまって体調が万全ではなかった」などと試合後のインタビューに答えているのをよく耳にします。当人にとっては不本意で、とても悔やまれるでしょうが、それがスポーツというものなのかもしれません。よいコンディションでトレーニングを積むのも、試合当日までベスト・コンディションをキープするのも、パフォーマンス向上のためには必要不可欠なのです。

まずは、コンディション・チェックが必要です。

日常生活では特に支障がなくても、トレーニングや試合本番には大きな影響をもたらす可能性も多々あるため、日々体が発しているサインを見逃すことなく、しっかり対応しなければいけません。

なかでも、食事の質と量は、コンディションに大きく反映します。集中力が持続しないのは、食事の量が多すぎたり、栄養が偏っていたりするせいかもしれません。スタミナがないのは、食事の量が少なくエネルギー不足だからかもしれません。疲れやすい、すぐにかぜをひいてしまう、口内炎ができやすいのはビタミン不足、息切れやだるさは、貧血気味だからかもしれません。

いつまでも勝てないのは、よいコンディションを保つために食べることに注意を払う努力がなされていないからかもしれないのです。

なぜ食事がスポーツをする人を強くするのか

スポーツをする人が強い体をつくり、競技のパフォーマンスを向上させるために、トレーニングが重要であることはいうまでもありません。

しかし、トレーニングさえしっかり行えばいいという問題でもありません。やる気と根性で、トレーニングの時間が長ければ長いほど結果につながるという考え方は、もう時代遅れです。

トレーニングをしっかり行うためには、しっかりとした体づくりとコンディション・キープが必要で、そのためにはしっかり食べる——。なぜなら、くり返しになりますが、私たちの体は、私たちが食べたものでできているからです。

逆の言い方をすれば、しっかり食べなければしっかりトレーニングはできません。トレーニングをすれば体は消耗し、体を酷使すればあちこち傷んできます。食事によって疲労を回復させ、傷んだ体を修復しなければ、十分なトレーニングにはつながりません。けっしてむずかしい話ではないのです。

しかしながら、残念なことに多くの人たちはまだ、トレーニングに比べて食事は二の次、その食事も質より量、満腹になることがしっかりとした食事だと勘違いしているのではないでしょうか。

このことは、スポーツをする人個人のせいだけではなく、社会的な背景も大きく影響しているように思われます。

いわゆる「飽食の時代」といわれて、自分の好みの食べ物がどこでも簡単に手に入り、ついついその誘惑に負けてしまいがちです。若年層ほどコンビニ食やファストフードを好み、その結果、脂肪の摂取量が大幅に増加しています。ダイエットブームによって、特に女性はスリムな体型を望むようになり、そのために食事の量を減らせば必要な栄養量を摂取できなくなります。夜型の生活で朝早く起きることができず、朝食を抜く人たちも増えています。

しかし、このままではいいわけがありません。

特に、スポーツをする人は食べることの大切さに少しでも早く気づき、食事が自分を強くすると信じ、今すぐにでも食生活を改善することが大切ではないでしょうか。

第1章　からだにいい食事や栄養とはなにか

本章からは、スポーツをすることと食事・栄養との関係で多くの方が抱く疑問を整理し、Q&Aの形式で解説していきます。

Q　「バランスのいい食事」「栄養のバランス」とよくいわれますが、その「バランス」ってなんですか？　バランスはどうとったらいいのでしょうか？

A　食事や栄養のバランスがいいということは、栄養素のとり方が過剰でも不足でもなく、

さらに食品・食品群、料理・献立、食事、食生活においてもそれぞれが適正であること、その結果として、健康の維持につながっている状態を指します。

食事や栄養に関する本には、「栄養のバランスが大切です」「バランスのいい食事をとりましょう」といった表現が必ず出てきます。

「バランスをとる」という言い方は、「均衡を保つ」「釣り合うようにする」という意味ですから、「なるほど、食事も栄養も偏ってはいけないのだな」「まんべんなくとらなくてはいけないのだな」というふうに理解できます。

しかし、ここにいくつか疑問が生じます。

「食事や栄養のバランスをとることがなぜ大切なのか」「バランスをとるといっても、なにとなにのバランスをとるのか」「バランスをとるためにはどういった方法があるのか」

こうした疑問に、１つずつお答えしていきましょう。

バランスをとることがなぜ大切か

私たちは、生まれてから、食物からさまざまな栄養素（nutrients）をとり続けています。そうしなければ、生命活動を維持し、健康な生活を送ることができないからです。ですから、食物によってとり入れた栄養素は、体の栄養状態に反映しているといえます。

栄養（nutrition）とは、栄養素が体内で消化・吸収・代謝されることを指しますので、それが適正に行われていれば、「栄養状態がいい」といえるわけです。

栄養状態は、

①　**栄養素のとり方が適正である**
②　**栄養素のとる量が過剰な状態である**
③　**栄養素の必要量が不足した状態である**

の3つに分けられます。

このうちの②と③は、栄養が悪い状態です。②では、過栄養によって、肥満、脂質代謝異常、高血圧、高血糖、脂肪肝などを、③では、栄養失調による体重の減少（やせ）、貧血、下痢、体温や血圧の低下、脱力感、無気力といった症状、ある栄養素の不足にともなう欠乏症などを招きやすくなります。なかには、ある栄養素は適正だがある栄養素は過剰または不足しているという状態もあります。

①のように、栄養素のとり方が適正ということは、さまざまな栄養素のバランスがとれて栄養状態は良好であり、その結果が健康の維持につながっているということです。

バランスをとるのは栄養素だけではない

ところが、栄養素を適正に摂取すれば、すぐに栄養状態が良好になり、健康を維持できるようになる、というわけではありません。栄養素に限らず、食品・食品群、料理・献立、食事、食生活それぞれの流れにおいてもきちんとバランスをとることで、最終的に良好な栄養状態にいたることができるのです（次ページの表）。

順を追って説明しましょう。

［栄養素］

良好な栄養状態にいたるまでの流れ

エネルギーやさまざまな［栄養素］摂取量のバランス

⬇

［食品・食品群］の組み合わせのバランス

⬇

調理方法、和食・洋食・中華、主食・主菜・副菜など
［料理・献立］のバランス

⬇

1日3食、補食（間食）、食事時間など［食事］のバランス

⬇

食事・運動・休養など［生活］でのバランス

⬇

良好な栄養状態

『食生活改善指導担当者研修テキスト』（厚生労働省）をもとに作成

生命活動に必要な栄養素は約50種類あるといわれ、そのうちの糖質、脂質、たんぱく質は三大栄養素、ビタミン、ミネラルは微量栄養素といわれます。各栄養素には、それぞれ特有の生理作用があり、生体にもたらす働きによって3つに分けられます。

1つ目は、体を動かすときのエネルギー源となるもので、自動車にたとえればガソリン、2つ目は、筋肉や骨格、内臓諸器官などの構成成分となるもので、自動車にたとえればボディー、3つ目は生体内での化学反応を調整するもので、自動車にたとえればエンジンオイルという

栄養素の働きによる分類

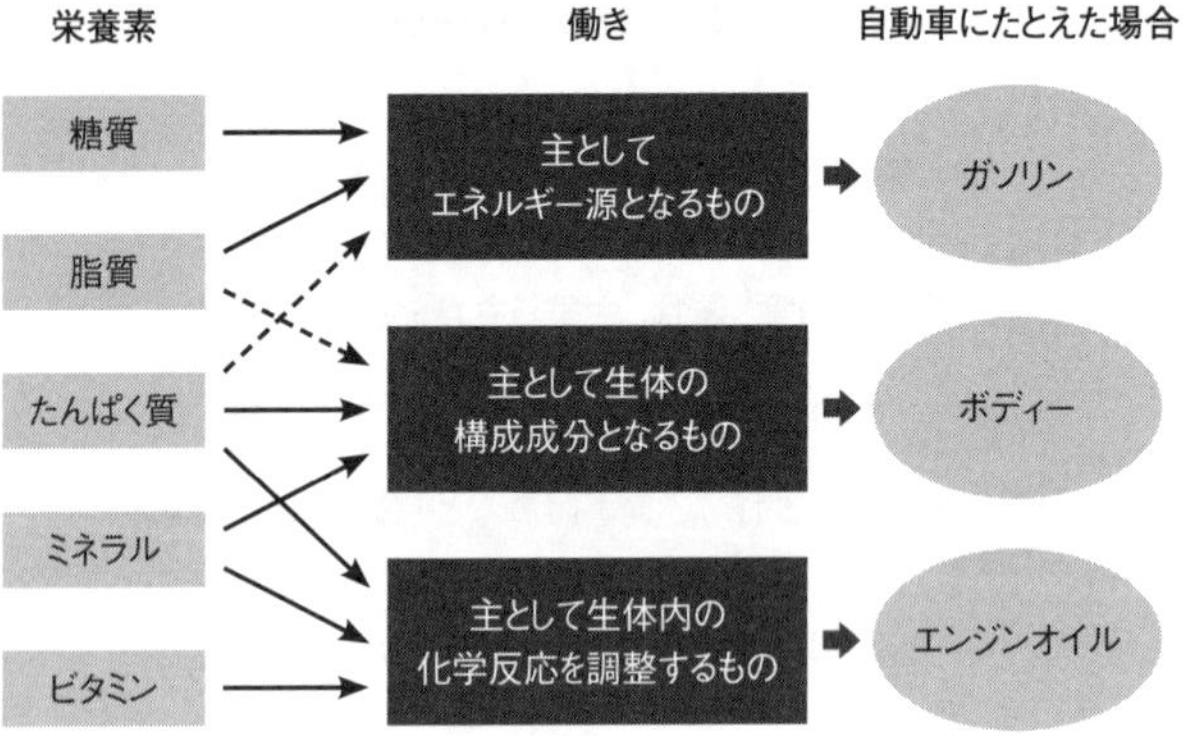

『基礎栄養学 改訂第6版』(南江堂)をもとに作成

ことができます(上の図)。

食品にはなんらかの栄養素が含まれていますが、生命維持に欠かせない栄養素をすべて含んだ完全な食品は存在しません。したがって、過不足なく、つまりはさまざまな栄養素をバランスよく摂取するためには、栄養素の特徴をよく理解したうえで、食品を上手に組み合わせて摂取することが求められます。

どの栄養素をどれくらい摂取したらいいのかは、厚生労働省の『日本人の食事摂取基準』を参照すれば分かります(https://www.mhlw.go.jp/stf/seisakunitsuite/bunya/kenkou_iryou/kenkou/eiyou/syokuji_kijyun.html)。

［食品・食品群］

栄養素は、食品に含まれているものを口にするかたちで体内に入ります。体が必要とするすべての栄養素を過不足なく含んだ食品が存在したらだれも苦労しませんが、実際にそのような食品などあるわけがありません。

したがって、どのような栄養素がどの食品に含まれているかを知る必要があります。含まれる栄養素の特徴別に、食品を肉類、魚介類、穀類、いも類、野菜類、豆類、乳類などのグループに分類したのが「食品群」です。ほかにも、「おもに体をつくる・おもに体の調子を整える・おもにエネルギーのもとになる」といったグループ別に分類した基礎食品群もあります。

特定の食品や食品群に偏ることなく組み合わせる方法は、栄養素をバランスよく摂取する目安となります。

［料理・献立～食事］

食品群から選んだ食品をいくつか選んでバランスよく組み合わせて調理をすれば、バランスのいい料理・献立ができます。さらに、その料理・献立をバランスよく組み合わせることで、一食分の食事になります。

こうした一食分の食事を1日3回、組み合わせてとるようにすれば、結果として必要な栄養素をバランスよくとることができます。

この料理・献立を分かりやすく分類したのが、主食、主菜、副菜、牛乳・乳製品、果物を加えた「食事の料理区分」です（34ページの表）。

毎食、この5つの料理区分の料理・献立が食卓にのぼること、食品選びや調理法の重複を避けること、食べる量、補食（70ページ）のタイミング、食事の時間にも配慮することが1日のバランスのとれた食事につながり、それができなければ、よい栄養状態を保つことがむずかしくなります。

料理区分ごとの料理・献立の数は膨大ですので、ここにすべてを紹介するのは困難です。農林水産省の「実践食育ナビ／食事バランスガイド早分かり　SV早見表」に、料理名とその主材料・重量が掲載されていますから、参考にされるといいでしょう（https://www.maff.go.jp/j/syokuiku/zissen_navi/balance/chart.html）。

コマのかたちをした「食事バランスガイド」のイメージ

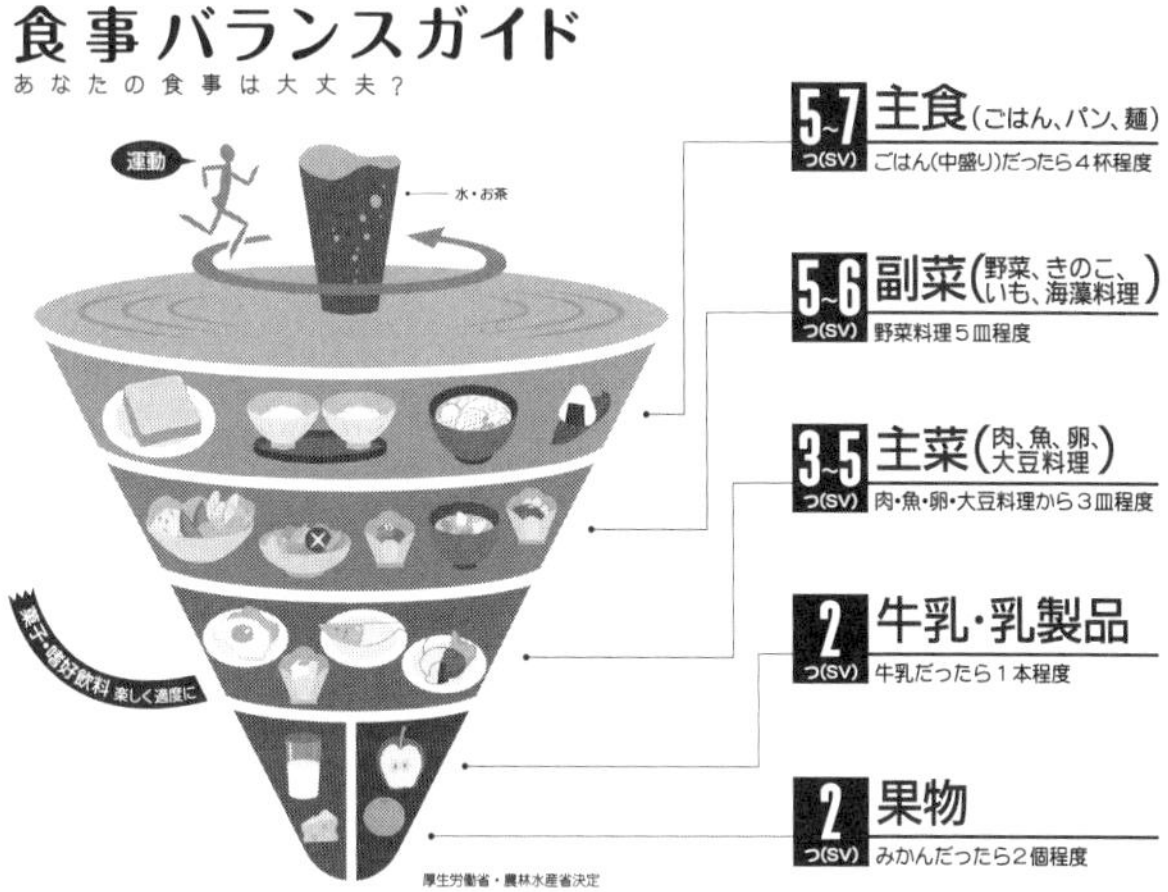

各料理区分のバランスが取れていると、コマは垂直に回転する。しかし、右のコマのように、主食と副菜が少なく主菜が多すぎるとバランスが崩れ、コマが傾きスムーズに回転しなくなってしまう

農林水産省ウェブサイトより

食事の料理区分と特徴

料理区分	特徴	栄養素の供給源
主食	ごはん、パン、麺類、パスタなどをおもな材料とする料理・献立	おもに糖質（炭水化物）の供給源
主菜	肉、魚、卵、大豆、大豆製品などをおもな材料とする料理・献立 例：ハンバーグ、焼き魚、卵焼き、冷奴など	おもにたんぱく質の供給源
副菜	野菜、いも、豆類（大豆を除く）、キノコ、海藻などをおもな材料とする料理・献立 例：小鉢（煮物）、サラダボール、汁物など	おもにビタミン、ミネラル、食物繊維の供給源
牛乳・乳製品	牛乳、ヨーグルト、チーズなど	おもにカルシウムの供給源
果物	リンゴ、ミカン、ブドウ、イチゴなどの果物や果汁100%ジュース	おもにビタミンC、カリウムの供給源

［食生活］

日本人の食生活は、ごはんや麺類など穀類からつくられた食品を主食としているので、土台がしっかりとしています。主菜として、肉、魚や卵に加えて、低脂肪・高たんぱく質な納豆、豆腐といった大豆製品もよくとられています。副菜の野菜や海藻なども、生だけでなく、煮る・茹《ゆ》でるといった調理法で食卓にのぼります。牛乳・乳製品の消費量は他国に比べて低いものの、デザートとしての果物は四季折々豊富です。

最近では、肉の摂取量は若者を中心に増えていますが、平均すれば5つの料理区分による食事によって、比較的容易にバランスのとれた栄養素が摂取できます。日本人の食生活は、それだけでも恵まれた環境にあるといって差し支えないでしょう。

どうしたら実行できるかが問題

これまで述べてきたことからは、バランスのとれた栄養素を摂取し良好な栄養状態につなげるためのハードルは、たしかに高いことが分かります。

ここに、興味深い調査データがあります。

主食・主菜・副菜を組み合わせた食事を、1日2回以上ほとんど毎日とっていると回答した人の割合は、男性45・4％、女性49％ですが、週に5日以下しかとっていない人たちでも、男性88・7％、女性95・5％が、主食・主菜・副菜の3つを組み合わせるとバランスのいい食事になることを知っています。かなり意識の高いことに正直驚いていますが、つまり、頭では分かっていても、半数近くの人は行動に移せていないのです。

その理由を尋ねると、手間がかかる、時間がない、量が多くなる、外食が多いのでむずかしい、食費の余裕がないといった答えが返ってきます（『平成30年国民健康・栄養調査結果の概要』厚生労働省）。

朝昼晩の食事を準備するだけでもたいへんなのに、毎食5つの料理区分をそろえなければならないとなると、料理をつくる人からはため息が聞こえてきそうです。

公益財団法人日本体育協会（現・日本スポーツ協会）がクラブ、チームやアジア大会参加選手個人を対象に行った食事アンケートでも、選手個人として食事や栄養に強い関心があるものの、なかなか実現できていない現状が明らかにされています。

特に、学生の選手やチームは、専門家による食事・栄養の指導や教育を受ける機会はごく限られていて、実際になにをどれだけ食べているのかといった食事調査を受けたことすらない選手が多くいます。ましてや、日常的に個人でスポーツを楽しんでいる人の場合はなおさらなのではないでしょうか。

では、ハードルが高いからといって、なにもしなくていいのでしょうか。栄養素をバランスよくとって良好な栄養状態になれば、間違いなく競技パフォーマンスが高まることが分かっているのに、ただ手をこまねいているのはもったいないことです。

問題なのは、どう実行するかです。肩ひじを張って、はじめから完璧を目指そうとは思わずに、まずはできることからはじめてみます。そのきっかけづくりのヒントとなるかどうか、次に挙げることを試してみてはいかがでしょう。

① 単品で済ませないようにする

毎回の食事では、5つの料理区分（主食、主菜、副菜、牛乳・乳製品、果物）をできるだけそろえるのが望ましいのに、どれか1つ、単品で簡単に済ませてしまっては、バランスをとるとらない以前の問題です。

家庭内の食事でも外食でも、主食をベースにして最低でも2つ以上を組み合わせるように努めます。けっしてむずかしいことではありません。スポーツで勝ちたい、結果を出したいというのなら、当事者意識をもって、自分を甘やかさずに、面倒くさいと思わずにやり続けることです。そうすれば、必ず結果につながります。

② ランチョンマットを活用してみる

自分自身の強い思いだけでなく、やるべきことがやれる環境づくりも大切です。

スポーツ食育ランチョンマット

『小・中学生のスポーツ栄養ガイド スポーツ食育プログラム』(女子栄養大学出版部)より転載

はじめのうちは、なにが主食でなにが主菜かが分からないこともあるでしょうから、たとえば、5つの料理区分がイラストで描かれた「スポーツ食育ランチョンマット」を活用してみてはいかがでしょう(上の図)。

食卓にランチョンマットを敷き、その上に用意した料理・献立を置いてみれば、主食・主菜・副菜はそろっているか、なにが足りないかがすぐに確認できます。

このランチョンマットは、小学生を対象としたスポーツ食育プログラム開発に関する調査研究の一環として、日本体育協会が作成したものです。

こうした工夫は、スポーツをする子どもたちだけではなく、食事をつくる保護者、スポーツの指導者にとっても間違いなく活用できるでしょう。このランチョンマットを使った食の指導では、保護者と子ども双方の食知識が向上したという調査結果があります。

③　1皿に盛れる料理にする

主食、主菜、副菜を1つにまとめた料理を工夫して、それを1皿に盛るのも手です。

たとえば、酢豚は、たんぱく質が豊富な肉と、ビタミンやミネラルが豊富な野菜が使われているので「主菜＋副菜」の料理、カレーライスは、ごはんと、肉や野菜を具材に使ったカレーがセットなので「主食＋主菜＋副菜」の料理、クリームシチューは、肉、野菜に牛乳が使われているので「主菜＋副菜＋牛乳・乳製品」の料理といえます。どれも1皿に盛るだけですし、料理の手間も省けるでしょう。

④　パッケージの食品成分表示を必ず見る

加工食品のパッケージには、その中身について説明した表示が必ず印刷されています。なにかを買ったときに、その表示をきちんと見たことがありますか。気にもせずにパッケージを捨てていませんでしたか。

この表示は、私たち消費者が体によい食品を分かりやすく選べるように、食品の安全性や機能性に関する表示について定めた食品表示法に基づくものです。それまでの食品衛生法、JAS法、健康増進法の3つの法律の食品表示についての規定を統合し、表示の必要性が高い項目（名称、アレルゲン［アレルギー物質］、保存方法、消費期限、原材料、添加物、栄養成分の量、熱量［エネルギー］、原産地、原産国など）の表示基準を明確化したものです。

そのなかで、「栄養成分表示」は特に気になるところです。熱量（エネルギー）、たんぱく質、脂質、炭水化物（糖質）、食塩相当量の表示は義務化されていますからどのパッケージでも見ることができ、さらにそれ以外の栄養素が表示されていることもあります。今、あなたのお手元に加工食品のパッケージがあったら、確認してみてください。

その食品にどのような栄養素が含まれているかを知らずに、どうして栄養素のバランスをとることができるでしょうか。

パッケージに表示されている栄養成分表示の例

栄養成分表示1本（190g）あたり

エネルギー	89kcal	食物繊維	0.7g
たんぱく質	5.7g	食塩相当量	0.18g
脂質	1.7g	カルシウム	190mg
飽和脂肪酸	1.0g	鉄	6.8mg
炭水化物	12.7g	葉酸	120μg
糖質	12.0g	ビタミンB_{12}	1.2μg

栄養成分表示1本（200ml）あたり

エネルギー	137 kcal
たんぱく質	6.8 g
脂質	7.8 g
炭水化物	9.9 g
食塩相当量	0.22 g
カルシウム	227 mg

まずは、食品を買ったら必ず栄養成分表示を見るようにして、どんな栄養素が含まれているか気にするクセをつけることからはじめてみてはいかがでしょう。表示のチェックをしばらく続けていると、どういった食品にはどういった栄養素が多く含まれているか、興味関心の度合いも高まるはずです。

現在の食習慣を改善したいと思っている人は48・5％、そのうち具体的になにを改善したいかについては、「食品を選んだり、食事のバランスを整えるのに困らない知識や技術を身につける」という人がもっとも多く50・8％という調査結果があります（『平成17年国民健康・栄養調査結果の概要』厚生労働省）。

その実現のネックになっているのが「時間的なゆとり」ですが、改善意欲の強い人の割合が高いということは、時間的なゆとりがなくてもできるきっかけさえつかめれば、具体的に行動を起こす人も増えてくるのではないか、と期待がもてます。

⑤ できれば自分で料理してみる

栄養状態を良好なものにするには、一人ひとりが食品に含まれる栄養素に対して無関心であってはなりません。スポーツをする人はなおさらという強い思いがあります。

食品を選ぶにあたってどのような点を重視するかの調査では、男女ともに割合が高いのは「おいしさ（男性74・4％、女性77・4％）」と「好み（男性68・9％、女性67・7％）」で、男女間に差はありますが「価格」「鮮度」「安全性」と続きます。

しかし、「栄養価」を重視する人の割合は、男性は30・9％、女性でも54・5％と、けっして高くはありません（『平成30年国民健康・栄養調査結果の概要』厚生労働省）。

問題は、どうしたら栄養価への関心の度合いを少しでも高めることができるかです。「自分で料理をしてみる」のも1つの方法です。これまで料理をしたことのない人に料理をはじめようとすすめてもすぐにできるものではなく、時間の制約もあり、いたってハードルが高いことはよく分かります。

しかし、ちょっとしたきっかけで料理づくりをはじめれば、メニューを考え、食材を選ぶにあたって当然栄養価も気になってくるはずです。油で炒《いた》めたり揚げたりするのと、生のままや、煮たり焼いたりする調理法の違いも分かってきて、創意工夫もできます。

食卓の前に座って、ただ出されたものに箸をつけるだけでは、食品の栄養価について関心を高めることはむずかしいのではないでしょうか。

⑥　個人でむずかしければ、専門家の力を借りる

スポーツと食（栄養素）との関係は複雑多岐で、そのために「スポーツ栄養学」という分野が確立し、多くの研究者、食の専門家が研究にあたっています。食事の管理や指導は、科学的根拠（エビデンス）に基づくことが不可欠です。

食生活で必要な栄養素がとれていないと不安に感じる人も少なくなく、食事や栄養に関する情報をもっと知りたいと願うのであれば、公認スポーツ栄養士や管理栄養士の資格を取ることも考えられますが、スポーツをしながらの資格取得は至難の業です。個人でがん

ばろうとするよりは、そうした専門家に適切な指導を仰ぐのが確実です。

公認スポーツ栄養士の活動内容は、栄養セミナーや栄養相談、ジュニアから大学生、成人、高齢者世代への食育・健康講座の開催などで、フリーランスの方もいらっしゃいます。個人より団体のほうが指導をお願いしやすいので、所属するクラブやチームにセミナーなどの開催をぜひ実現してほしいと強く働きかけてもいいかもしれません。

全国の公認スポーツ栄養士は、公益財団法人日本スポーツ協会のウェブサイトで検索することができます（https://www.japan-sports.or.jp/coach/DoctorSearch/tabid75.html）。


本書には、この後も、バランスのいい食事や栄養という言い方が出てきます。ここまでふれてきたことを踏まえて読み進めていただくことを願っています。

Q　好き嫌いが多く栄養が偏りがちです。改善するにはどうしたらいいですか？

A　嫌いなものが好きになるまでには、いくつかの「行動変容ステージ」があります。このステージを先に進めるには、まずその人が今どのステージにいてどの程度気持ちの準備ができているかを把握する必要があります。そのうえで、それぞれのステージに見合った「働きかけ（アドバイス）」を行います。

バランスのいい食生活は、健康的な発育・発達にとっても欠かせないものです。特に、スポーツをする小中学生（ジュニア）は多くのエネルギーや栄養素を必要とするため、好き嫌いが激しく、自分の好きな物だけを食べている偏った食生活は健全な発育・発達とスポーツパフォーマンスにとって大きな障害となる可能性があります。

好き嫌いはないに越したことはありませんが、特に小中学生では目立ちます。体にいいからという理由で嫌いな物を無理やり食べさせても、ますますマイナスのイメージを植え付け、かえって好き嫌いを助長してしまいます。

「行動変容のステージ」は5つ

では、好き嫌いをなくすには、どうしたらいいでしょうか。ここでは、小中学生を対象に話を進めていきます。

嫌いなものが好きになるといったように、人が新しく行動を起こして、それが習慣になる、つまり人が行動を変えるまでにはいくつかのステージがあり、「行動変容ステージ」と呼ばれています。行動変容ステージのモデルは、１９８０年代前半に禁煙の研究から導かれ、その後食事や運動をはじめとしてさまざまな健康に関する行動について幅広く研究が進められています。

行動変容ステージには、「無関心（前熟考）期」→「関心（熟考）期」→「準備期」→「実行期」→「維持期」の5つのステージがあると考えられています（次ページの図）。

このステージを1つでも先に進めるためには、その人が今どのステージにいてどの程度気持ちの準備ができているかを把握し、最終的に維持期にたどり着くように、それぞれのステージに見合った「働きかけ（アドバイス）」が必要です。

ただし、無関心（前熟考）期から維持期に向かっていつも順調に進むとは限らず、前のステージに逆戻りしてしまうこともよくあります。

では、小中学生が好き嫌いをなくすために、保護者は各行動変容ステージに見合うかたちでどのように働きかけを行ったらいいのでしょうか。

【無関心期・関心期での働きかけ】

行動変容ステージモデル

無関心（前熟考）期

行動を変える気持ちの準備ができていない（重要性を認識していない、行動を変える自信がないなど）ため、現在行動はしていないし、今後6カ月以内に行動するつもりもない

⬇

関心（熟考）期

現在行動はしていないが、行動を変える気持ちはあり、今後6カ月以内に行動するつもりである

⬇

準備期

行動を変える気持ちはより強まり、今後1カ月以内に行動するつもりである

⬇

実行期

すでに行動を始めているが、まだ6カ月未満で定期的ではない

⬇

維持期

行動を始めてから6カ月（小学生は2カ月）以上たっていて、すでに生活習慣になっている

『エッセンシャル スポーツ栄養学』（市村出版）をもとに作成

この期の小中学生は、好き嫌いをしないことがなぜ重要なのかが理解できていません。そのために、意識付けが必要ですが、健康を意識して生活をしていない小中学生に「健康にいいから」といった大人の価値観で話をしてもほとんど通じません。「好き嫌いがなくなると、元気になってお友達と楽しく遊べるよ」「パワーがついてかっこいいプレイができるよ」「試合に勝てるようになるよ」といったように、保護者には子どもの純粋な思いをくみ取って分かりやすく話すことが求められます。

【準備期・実行期での働きかけ】

この期では、すでにバランスのよい食事をとりたいという気持ちはありますが、まだ行動する前であったり、はじめたばかりだったりで、なかなかうまくいかない場合があります。そうした場合には、バランスのよい食事がしやすい環境づくりをすることが大切です。

たとえば、食事のたびに栄養のバランスのことを忘れないようにするため、あるいは食事の内容をその都度チェックできるようにするため、「スポーツ食育ランチョンマット」(38ページの図)を活用するといいかもしれません。

さらに、嫌いなものをなくそうとがんばっている子どもは、上手にほめてあげます。大好きなメニューを出したり、食事とは別のかたちでごほうびをあげたりすれば、子どもはさらにやる気を出します。

【維持期での働きかけ】

この期に入った子どもたちは、よい食習慣が継続できています。元気にスポーツに打ち込めるのは、よい食習慣を続けているからであることを理解させ、きちんと評価し、ほめてあげます。よい食習慣がずっと続くように、保護者がきちんとサポートします。

「自分はできる」という気持ちをもつ

行動変容ステージで、最終の維持期に入るまでに大事なことは、子どもたち自身がどのくらい「自分はできる」という気持ちをもてるかどうかです。

この感覚を、「セルフ・エフィカシー（self-efficacy）」といいます。エフィカシーとは、「効力、効能、薬などの有効性」という意味です。日本語では「自己効力感」「自己期待感」と訳され、課題に直面したときに、こうすればうまくいくという自信、自分に対する期待感のことです。

セルフ・エフィカシーが高いか低いかがパフォーマンスに大きな影響を与えます。本人に能力があっても、セルフ・エフィカシーが低いと実行に移すことにはつながりません。

たとえば、食生活での「好き嫌いをせずに食べることができる」「間食を控えることができる」「食べる量を調整することができる」といった行動変容を起こすために、セルフ・エフィカシーをどう高めたらいいのでしょうか。

重要なのは、「成功体験」「言語的説得」「代理的経験」「生理的・情動的喚起」の4つです。

●成功体験……「うまくできた」という成功体験を積むことは、セルフ・エフィカシーにもっとも強い影響を与えます。それも、あまり努力しないで成功するよりも困難を乗り越えたうえでの成功体験が必要で、「うまくできた」と思えたら、「次もきっとうまくできるだろう」と素直に思えるようになります。

失敗しないようにするには、あせってむずかしいことや多くのことに挑戦させようとしないことです。嫌いな食材がいくつかあったら、そのなかで一番食べられそうと子どもが感じているものからはじめます。

・言語的説得……第三者からほめてもらう、励まされることです。保護者だけでなく先生やコーチなど、子どもたちにとって重要な人物であればあるほど、その効果は高まります。

・代理的経験……自分が経験できる機会は限られているため、自分の代わりに成功体験を積んでいる第三者の姿を見るだけでも、セルフ・エフィカシーは高まります。きっと「自分にもうまくできそう」「やってみたい」と思えるはずです。

・生理的・情動的喚起……自分の行動による成果は一朝一夕に出るものではなく、多くの人は目に見えるかたちになる前に挫折しがちです。そこで有効なのが、生理的・情動的喚起です。

たとえば、バランスのよい食生活を続けていると、「よく眠れるようになった」「体が軽くなった気がする」といったように、以前に比べて心身の状態がよくなっているはずです。こうしたちょっとした変化は、本人がなかなか気づかないので、まわりの人が喚起する、つまり言葉によって呼び覚ましてあげることが大切です。それによってセルフ・エフィカシーが高まり、よい食生活をさらに続ける励みにもなります。

Q　筋肉をつけるためには、やはり肉を食べないといけませんか？

A　筋肉をつけるためには、肉に限らず、魚、卵、乳製品などに多く含まれる動物性の良質なたんぱく質摂取が欠かせません。高たんぱく質でかつ低脂質の食品を選び、たんぱく質の代謝を促すビタミンB群をたっぷり摂取することです。動物性たんぱく質を多く含む食品は脂肪分が多いため、食べ過ぎや偏り過ぎには注意が必要です。

「たんぱく質なくして筋肉は語れない」といわれるように、筋肉をつくるのにたんぱく質が重要であることは、よく知られています。

三大栄養素のうち、筋肉や血液など体の組織や細胞をつくる体組成成分としてもっとも比率が高いのがたんぱく質の16・4％で、脂質は15・3％、糖質はわずか1％未満です（『食生活改善指導担当者研修テキスト』厚生労働省）。

運動などで強い負荷がかかり傷ついた筋線維は、たんぱく質を材料に、成長ホルモンなどの力を借りて修復され、回復するとより太くなり、筋力もアップします。タイミングよくたんぱく質をとることで、筋肉のつき方にも差が出てきます。

全身あるいは局所の筋肉群に強い負荷（レジスタンス）をかけて筋肉の機能を高めるレジスタンス運動、いわゆる筋トレを行うと、運動の1～2時間後に筋たんぱく質合成の速度が高まって筋肉が肥大し、それが48時間持続することが分かっています（次ページの図）。したがって、たんぱく質はレジスタンス運動後のタイミングで摂取するのが効果的といえるでしょう。

そもそもたんぱく質は、20種類のアミノ酸が鎖状に連結したもので、並ぶ順番や連なる長さによって種類や働きが決まります。20種類のアミノ酸のうち体内で合成できないか、ごくわずかな量しか合成できないものは「必須アミノ酸」といわれ、9種類あります。

たんぱく質には、肉や魚、卵、乳製品などに多く含まれる動物性と、豆腐や納豆などの

レジスタンス運動後の筋たんぱく質合成の変化

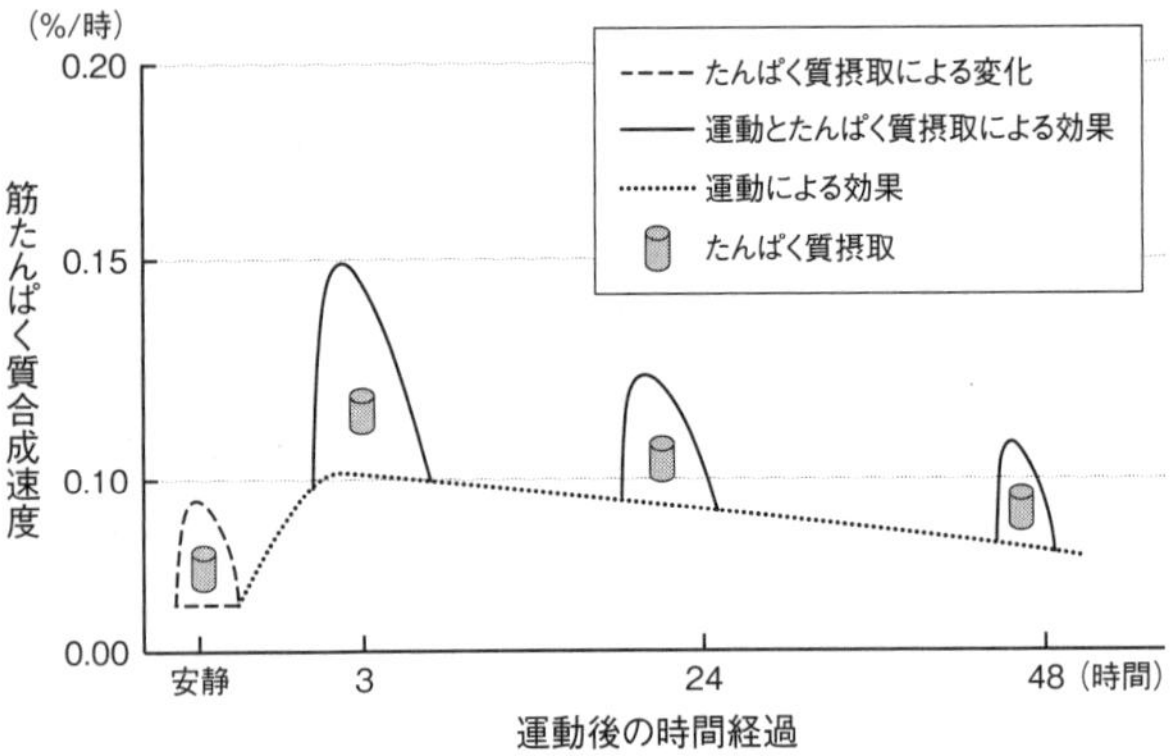

『栄養・スポーツ系の運動生理学』（南江堂）をもとに作成

大豆製品に多く含まれる植物性があります。

動物性のほうが、この必須アミノ酸がバランスよく体内に吸収されるので、筋肉や血液のことを考えると動物性の摂取は欠かせません。「良質なたんぱく質をとりましょう」といわれる場合の良質とは、やはり必須アミノ酸がバランスよく含まれ体内での利用効率が高いという意味です。

必須アミノ酸のうち、牛肉やサケ、牛乳に多く含まれるロイシンに、バリン、イソロイシンを加えた3つは「分岐鎖《ぶんきさ》アミノ酸（BCAA：Branched Chain Amino Acids)」と呼ばれ、筋肉づくりにとても重要な役割をしています。

特に、牛乳に含まれる約3・3％のたんぱく質の80％がカゼイン、残りの20％がホエイ（乳清）で、いずれも筋たんぱく質の原材料になります。このホエイには分岐鎖アミノ酸が多く含まれていて吸収もスムーズなことから、練習や試合の後にできるだけ早く牛乳を飲むと筋肉の回復を促します。

しかし、植物性たんぱく質を多く含む大豆や大豆製品も、お米やパンと組み合わせれば、それぞれに不足している必須アミノ酸を補い合うことができます。

ここで注意しなければいけないのは、動物性たんぱく質を多く含む食品は脂肪分も多いために食べ過ぎない、偏り過ぎないようにすることです。

余談ですが、牛や馬、カンガルーなどの草食動物は、植物（草）しか食べないのになぜ体が大きく成長し、筋肉がたくさんついているのか疑問に思われるかもしれません。

実は、草食動物の消化器官内には、「共生微生物」と呼ばれる細菌（バクテリア）や原虫（原生動物）が寄生していて、その働きによって動物が消化できない物質を分解したり、たんぱく質やビタミン類を合成したりして、たんぱく質を直接摂取しなくても筋肉などに必要な栄養素がつくられているのです。このように、共生微生物が体に対して栄養的に寄与する働きを「共生栄養」といいます。

Q　どのような食事をすれば、骨をきたえることができるのでしょうか？

A　骨をきたえるのに食事はとても大切です。特に女性は、加齢にともなう骨粗鬆症の発症リスクが男性の約3倍という切実な問題を抱えています。カルシウム、ビタミンD、マグネシウム、ビタミンKと、大豆イソフラボンを食事によってしっかりとれば、骨密度は高まり、骨量が増えて骨は丈夫になります。

私たちの体は、200余りの骨が連結して形づくられています。それが骨格で、脊椎動物のように体内にあるものは内骨格と呼ばれます。体格は、骨格に肉付きなどが加わった体つきのことをいいます。

骨の役割は、さまざまです。脊柱（背骨）や下半身の骨が支柱となって体重を支えているから、立っていることも座っていることもできるのです。

体が多様な動きをするのも、骨のおかげです。関節をまたいで2つの骨に骨格筋がくっついていて、「筋線維」という筋肉細胞が伸び縮みすると骨格筋の長さが変化します。すると、関節を軸にして2つの骨が近づいたり離れたりする、それが、体が動く仕組みです。

ほかにも、頭蓋骨は脳、肋骨《ろっこつ》、骨盤などは内臓を保護していますし、生命活動に直結する血液凝固や筋収縮、浸透圧調節などの作用に欠かせないカルシウムの貯蔵庫としての役割を、骨は担っています。

スポーツをする人は、とかく筋肉をきたえることに目が行きがちですが、実は、骨がこうした役割をきちんと担えるように、強い外圧がかかっても骨折しにくくなるようにしなければなりません。建物の骨組みが強固であれば耐震性が高まるように、体を強くするには骨を丈夫にする必要があります。骨を丈夫にするとは、骨密度を高め、骨量を増やすことです。

意外に思われるかもしれませんが、実は、骨も絶えず新陳代謝（骨代謝）を行っています。骨芽《こつが》細胞によって新しい骨をつくる「骨形成」と、破骨《はこつ》細胞によって骨を溶かす「骨吸収」がくり返される「骨リモデリング（骨再構築）」といわれるもので、約10年かけてすべての骨が生まれかわります。

通常は骨吸収と骨形成のバランスは保たれ、機能的に連携（カップリング）していますが、それが崩れてカップリング障害が続くと、骨量は減少し、骨密度が低下して骨折の可能性が高まります。

加齢とともに、骨密度の低下が著しいのは、女性です。多くの女性は、50歳前後に閉経を迎え、女性ホルモンのエストロゲンの分泌が激減するために、骨粗鬆症の発症リスクは男性の約3倍にまで高まります（骨粗鬆症については、第3章で詳しくふれます）。

ですから、そうなる前のできるだけ早い時期から、ウォーキングやジョギング、重力負荷がかかるテニス、バレーボールなどの運動刺激によって骨密度を高めるだけでなく、食事によって必要な栄養素をしっかりとることが有効です。

骨をきたえる栄養素

では、食事によって、骨をきたえるには、どうしたらいいでしょうか。

それには、骨の主成分であるカルシウムはもちろん、カルシウムをサポートする栄養素の摂取が重要です。カルシウムの吸収を助けるビタミンD、骨形成を促進するマグネシウムとビタミンK、骨吸収を抑制する大豆イソフラボン（植物性エストロゲン様物質）などがあります。

カルシウムの吸収率がもっとも高いのは牛乳で、1カップ（210g）で230㎎摂取できますから、かなり効率的です。魚介類では、ワカサギ、干しエビ、イワシ、アユ、ウナギ、サケ、野菜では、小松菜、モロヘイヤ、いりゴマ、菜の花、チンゲンサイ、大豆食品では、焼き豆腐、生揚げ、がんもどき、木綿豆腐、凍り豆腐に多く含まれています（『日本食品標準成分表』）。

1日のカルシウム摂取推奨量は、700～800㎎です。特に、12～14歳の成長期にある男女は骨形成が活発ですので、ほかの世代よりも積極的にとるようにします。

ビタミンDは、カルシウムが豊富な食材と一緒に食べるようにします。サケ、イワシ、サンマ、サバなどの魚介、干しシイタケ、キクラゲ、卵、動物のレバーに多く含まれます。日光にあたるだけでも、ビタミンDは体内（皮膚）でつくられます。

マグネシウムは、わかめ、ひじき、昆布《こんぶ》、のりといった海藻類や、アーモンドやゴマに多く含まれています。１日の推奨摂取量は年齢によって異なりますが、男性が３４０〜３７０㎎、女性は２７０〜３００㎎です。過剰に摂取すると下痢をすることがあり、長期にわたると高マグネシウム血症になって筋力低下による脱力感を招きます。

大豆イソフラボンは、大豆胚芽《はいが》に多く含まれているフラボノイド（色素成分）の一種で、閉経によって激減する女性ホルモンのエストロゲンに似た作用をもち、骨量の減少を抑える働きがあります。

大豆イソフラボンがもっとも多く含まれる食品は、きな粉です。続いて、揚げ大豆、大豆、凍り豆腐、納豆、煮大豆、味噌《みそ》、油揚げ、豆乳、豆腐の順です。また、エストロゲンに似た作用をする「エクオール」という成分を腸内で産生する能力をもつのは、日本人の約３人に１人といわれているため、サプリメントで直接摂取するのもおすすめです。

さらに、骨の成分で忘れてはならないのが、たんぱく質、特にコラーゲンです。

骨の強度を保つには、筋量と強い筋力も必要ですので、そのためのたんぱく質の摂取も忘れないようにしましょう。

Q　バネのような体にしたいのですが、腱《けん》や靭帯《じんたい》を強くするにはどうしたらいいですか？

A　腱はおもに線維状のコラーゲンたんぱく質、靭帯もコラーゲン線維を密に含んでいます。強くするには、コラーゲンを多く含む食材と、コラーゲン線維の合成を促すビタミンCの摂取が欠かせません。

残念ながら、スポーツにケガはつきものといわざるをえません。しかし、ケガをおそれていては、スポーツはできません。食事によってケガを完全に予防するのは無理ですが、ケガをしにくい体づくりはできますし、ケガをしても回復を早めることはできます。

スポーツ中のケガは、捻挫（靭帯損傷）、骨折、挫傷（打撲）、創傷、脱臼、腱断裂、筋断裂（肉離れ）とさまざまですが、もっとも多い捻挫をしにくい体づくりに必要なのは、骨と骨とをつなぐ靭帯と、骨と骨格筋をつなぐ腱の強化です。ジャンプする、ダッシュする、回転するといったさまざまな動作をするスポーツでは、腱と靭帯が重要な役割をしているからです。

腱は、筋肉の両端にあって、筋肉を骨に付着させる線維性の白いひも状の組織で、アキレス腱がよく知られています。付着部分を見ると、腱線維の一部は骨膜に付着し、一部は骨質内に入り込んでいます。

腱はおもに線維状のコラーゲンたんぱく質でできていて、断面積わずか1㎠あたり500kgの張力に耐えられるほどのきわめて強靭なものです。アキレス腱の断裂は比較的多いスポーツによるケガですが、断裂といってもアキレス腱が切れるのではなく、腱と骨との付着部分がはがれて歩行不能になることをいいます。

靭帯は、骨と骨とをつなぎ、関節の運動を滑らかにしたり制限したりする、強い弾力性のある帯状の線維性の組織です。指やひざの関節をのばしたまま固定できるのも、関節をスムーズに動かせるのも、関節を帯状に囲んでクッションや潤滑油（滑液を満たした袋）の役割をはたしている靭帯のおかげです。靭帯も腱と同じようにコラーゲン線維を密に含み、さらに弾性たんぱく質エラスチンの線維を含んでいます。

スポーツ選手の弾力、瞬発力を「バネのような体」とよくいいますが、そのバネをきたえるためには、筋肉をつけるたんぱく質、関節の弾力性を保つコラーゲン、しっかりした骨をつくるためのカルシウムの摂取が欠かせません。

コラーゲンは特別なたんぱく質ではなく、私たちの体を構成するたんぱく質の約30％を占めています。

そして、私たちが毎日食べている肉や魚などの動物性たんぱく質に多く含まれており、通常は摂取が不足することはありません。

コラーゲンは、鶏《とり》手羽先、鶏手羽元、鶏の皮、鶏軟骨、鶏砂肝、牛スジ肉、牛テール、豚白もつ、豚バラ肉、豚足といった動物性の食材、フカヒレ、エイヒレ、クラゲ、ナマコ、アンコウ、ハモ、スッポン、ウナギといった魚介食品に多く含まれています。食材によっては、緑黄色野菜と一緒に、鍋物や汁物にすると食べやすいでしょう。

コラーゲンを多く含む食材には脂質も多く含まれている場合があるので、とりすぎれば肥満、腎臓の障害によるむくみやだるさにつながります。1日に大量のコラーゲンを摂取しても意味がなく、1日に10g程度を毎日とり続けるのが効果的です。

コラーゲン線維の合成に必須のビタミンCも欠かせません。ビタミンCの欠乏による壊血病は、コラーゲンが完全な形に合成されないために細胞と細胞をしっかりと結合させることができないことによって発症します。ミカン、レモン、グレープフルーツ、イチゴ、キウイフルーツなどの果物や100%果汁ジュース、パプリカやブロッコリーなどのサラダ、サツマイモ、ジャガイモを使った煮物などでしっかりとりましょう。

Q　スポーツをする人は、できるだけ体脂肪を減らしたほうがいいのでしょうか?

A　いいえ、体脂肪は適切に維持されなければいけません。筋肉ムキムキのアスリートにならって、とにかく体脂肪を減らしてしっかり筋肉をつけることばかりに注力する人がいますが、脂質は不要なものだとして目の敵にするのは間違いです。脂質は、量だけで

なく質にも注意が必要で、特に動物性脂肪の主成分である飽和脂肪酸は控えめにして、植物油や青魚、魚の油から必須脂肪酸を積極的に摂取しましょう。

食品中の脂質の主成分である脂肪酸のなかには、生命の維持に不可欠であるにもかかわらず体内では合成できず、毎日の食事からとる必要がある「必須脂肪酸」があります。

ここで、脂肪酸について説明しましょう。

脂肪酸は、炭素、水素、酸素の3つの元素で構成され、そのうちの炭素の数や炭素と炭素のつながり方の違いなどによって「飽和脂肪酸」と「不飽和脂肪酸」に分かれます。

バター、ヘット（牛脂）、ラード（豚脂）といった動物性脂肪の主成分である飽和脂肪酸の多くは常温でも固形の状態です。ココナッツやパームフルーツなどヤシ科の植物の種子や、母乳、牛乳にも多く含まれる中鎖脂肪酸も飽和脂肪酸の1つで、中鎖脂肪酸100％の油（MCT：Medium Chain Triglyceride）は、消化吸収が速く、肝臓で素早く分解されてエネルギーとなるために、体内に蓄積されにくいのが特徴です。

いっぽう、植物油や魚油などの不飽和脂肪酸は液状で、「一価不飽和脂肪酸」（オリーブ

脂質に含まれるおもな脂肪酸

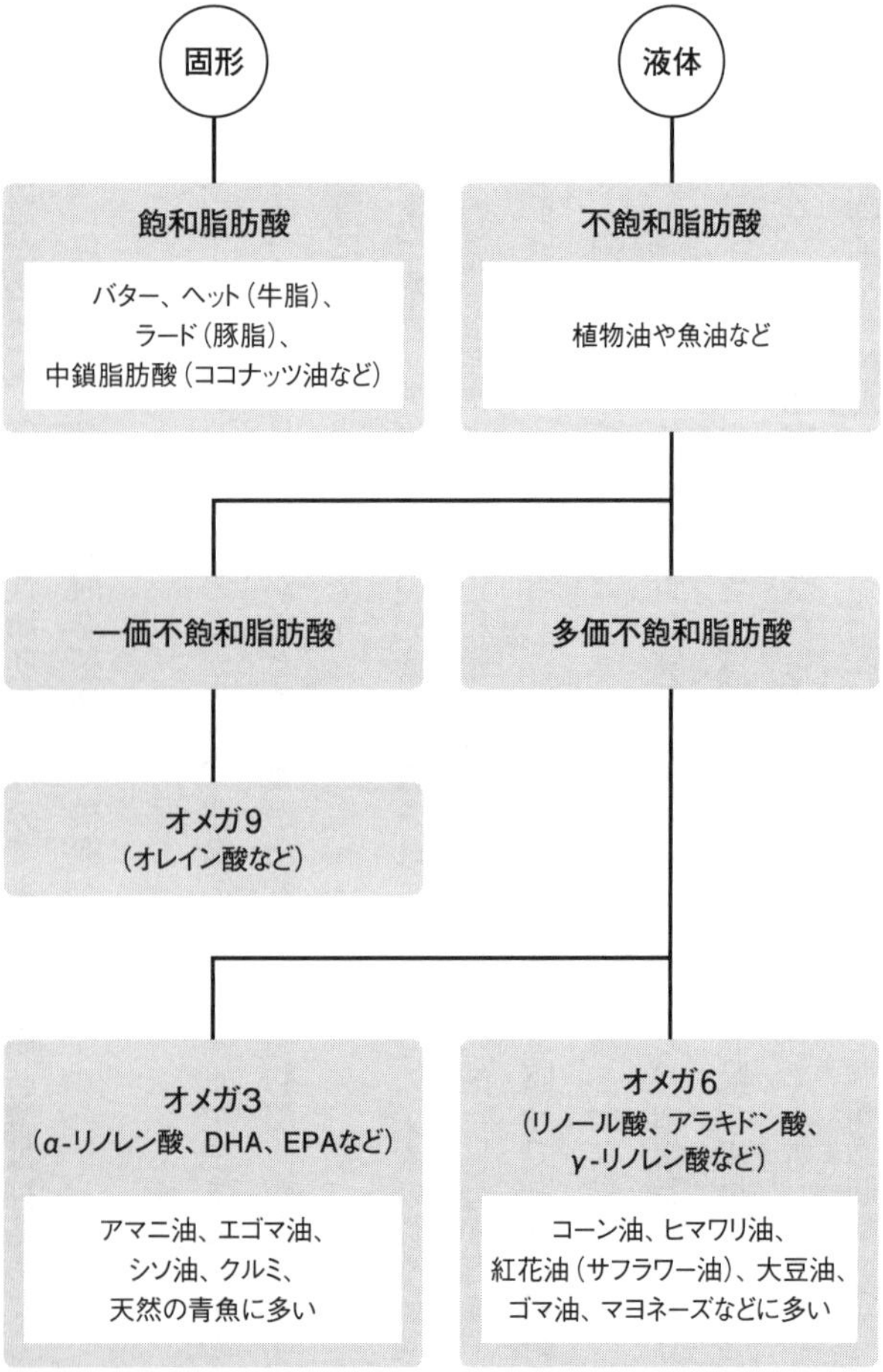

『毎日が発見』2016年4月号（KADOKAWA）をもとに作成

オイルやキャノーラ油に多く含まれるオレイン酸など）と「多価不飽和脂肪酸」に分かれます。必須脂肪酸とは、この多価不飽和脂肪酸のうち、α－リノレン酸、リノール酸のことを指します。

最近、オメガ3、オメガ6という言葉をよく耳にしますが、これは多価不飽和脂肪酸のなかで構造が異なる2つの脂肪酸のことです。

オメガ3脂肪酸（n－《マイナス》3系脂肪酸）には、アマニ油、エゴマ油、シソ油といった植物油やクルミに多く含まれるα－リノレン酸、天然の青魚（サバ、イワシ、ニシン）や魚油に多く含まれるDHA（ドコサヘキサエン酸）、EPA（エイコサペンタエン酸）などがあります。オメガ3脂肪酸には血中の中性脂肪値を低下させるなど生活習慣病の予防効果があるため、18歳以上の摂取目標量が決められています。

オメガ6脂肪酸（n－《マイナス》6系脂肪酸）には、コーン油、ヒマワリ油、紅花油（サフラワー油）、大豆油、ゴマ油といった植物油やマヨネーズに多く含まれるリノール酸、肉、魚、卵、肝油などに含まれるアラキドン酸、月見草油など特殊な植物油に含まれるγ－リノレン酸などがあり、日本人の98％は、オメガ6脂肪酸をリノール酸から摂取しているとされています（農林水産省）。

脂質のとりすぎは、皮下脂肪、内臓脂肪、筋肉内などの異所性《いしょせい》脂肪の3つをまとめた体脂肪の量を増やし、必要以上に多くなれば生活習慣病の発症リスクが高まります。反対に、体脂肪の量が必要以上に減少してしまうと体力が低下し、特に女性の場合は月経異常を起こすこともあります。

脂質は、その質にも注意する必要があります。特に動物性脂肪の主成分である飽和脂肪酸は、とりすぎると悪玉（ＬＤＬ）コレステロールの血中濃度を上げ、糖尿病、動脈硬化から心疾患の発症リスクを高めます。日本人の摂取量は欧米人に比べて少ないものの、できるだけ控えめにしたほうがいいでしょう。

いっぽう、必須脂肪酸であるオメガ3脂肪酸やオメガ6脂肪酸は共通して心疾患のリスクを低下させるだけでなく、オメガ3は脳の発育にも重要な役割をはたし、認知症の症状改善の期待が高まっています。

食事によって脂質を摂取するにあたっては、前述の植物油や青魚、魚の油から、特にオメガ3脂肪酸を摂取することが望ましいのですが、それればかりに注目しすぎることなくバランスよく摂取することが大切です。

その結果、自分の体に蓄積された体脂肪量がはたしてどのくらいあるのかは、体重に占める体脂肪量の比率をパーセントであらわした「体脂肪率」で知ることができます。市販の体組成計を使えば、体脂肪率だけでなく、ＢＭＩ（Body Mass Index：体格指数）、内臓脂肪レベル、筋肉量、基礎代謝量など、自分の体のおおよそのことを知ることができます。

厚生労働省によれば、体脂肪率の標準値は、男性15～20％、女性20～25％で、男性は25％以上、女性は30％以上が肥満とされています。

理想とされる体脂肪率は、競技種目によっても異なりますから、体脂肪率を落とすならばどこまで落とすのかを見極めてウエイトコントロールをしなければなりません。

マラソンやトライアスロンなど、持久力が勝負の長距離選手は男性５～12％、女性８～15％と低く、水泳選手は浮力を得やすくするために男性６～12％、女性10～18％と、ほかの競技種目と比べて少し高くなっています。

参考までに、腹筋が割れ、腕の力こぶの血管が浮いて見えるような筋肉質の体型の人の体脂肪率は、おおむね10％以下です。

Q　食が細く、栄養が足りているか不安です。なにか工夫できることはありますか？

A　食が細い、つまり少食によってまずはじめに問題になるのが、糖質、脂質、たんぱく質といったエネルギー産生栄養素の摂取不足です。長年の食習慣で少食がなかなか改善できなければ、朝昼晩の1日3食に補食をプラスして食事の回数を増やすことで、1日に必要なエネルギー量を摂取できるようになります。

アスリートにとって、エネルギー産生栄養素である糖質（4kcal／g）、脂質（9kcal／g）、たんぱく質（4kcal／g）のいずれか1つが不足しただけでも、大きな影響が出てしまうものです。

糖質が不足してしまうと、筋肉に貯蔵されているグリコーゲンのみならず、筋たんぱく質までがエネルギーとして使われるようになり、筋肉がやせ細り、体力が衰えてしまいます。糖質は、とりすぎると体脂肪の増加につながりますが、スポーツをする人ではエネルギー消費量が格段に増えるため、高強度で長時間にわたるトレーニングをするアスリートにとって糖質の摂取不足は致命的です。

長時間にわたる低・中強度の運動でのエネルギー源として有効な脂質も、不足すれば筋肉を動かして運動パフォーマンスを維持するのが困難になります。

たんぱく質の主要な役割は、体づくりですが、少食によってエネルギー摂取量が低下すると、筋肉中のたんぱく質がエネルギーに振り向けられてしまい、それによって、筋量が減少してしまいます。

さて、その少食ですが、出された食事にあまり箸をつけずに終えてしまう、食べること自体にあまり興味がない、食べず嫌いが多い、食べるペースが遅く食事の時間が長くなって途中でやめてしまうなど、長年の食習慣の影響も考えられます。生まれつき胃が小さい、胃下垂である、食事をしても胃腸が動き出すのが遅くすぐに満腹感を覚えるなどの体質的な問題もあります。

また、試合前の極度の緊張によってストレスを感じると自律神経が乱れ、消化を促進する副交感神経の働きが抑えられて食欲不振となり、十分な食事がとれない事態を招いてしまうこともよくあり、少食の原因はさまざまです。

少食がなかなか改善できないのであれば、1日の食事の回数を増やすのも1つの方法です。あくまでも、朝昼晩の1日3食をメインにしたうえで、おにぎりやサンドイッチ、バナナなどをいつも携行して、補食として手軽に口にするといいかもしれません。1回の食事の量は少なくても、回数を増やせば1日に必要なエネルギー量を摂取できるようになるからです。

「量より回数」を長く続けていくと、少食の人でも1回の食事の量が自然と増えてくるものです。

Q　ケガや故障でスポーツができない間、食事で気をつけることはなんですか?

A　ケガや故障で練習を休む場合、休む期間はできるだけ短縮する、つまり治癒率を高めてできるだけ早く練習に復帰することが望ましく、食事がとても重要になってきます。もっとも重要な栄養素は、たんぱく質です。

ケガや故障で身体活動が極端に低下すると、エネルギー消費量が減ってしまいます。特に、寝たきり（ベッドレスト）を強いられるような重症の場合は、筋量が減り筋力が衰えるために、たんぱく質が適切に摂取されないと回復を遅らせてしまいます。

しかし、エネルギーの摂取過多も体脂肪量や体重の増加につながるために、せっかくケガから回復してもベストのコンディションに戻すには時間がかかります。体重を増やさないためには、低脂肪の食材（鶏のささ身や白身魚など）の使用、油を使わない調理（焼く、蒸す、煮る、茹でるなど）、油脂量の少ない調味料や香辛料の使用を心がけるといいでしょう。

食事の量もいつもの70～80％程度に抑えるようにして、消費と摂取のエネルギーバランスを保つことも重要です。

治療中の食事でもっとも重要な栄養素は、たんぱく質です。たんぱく質は、筋肉や血液などの体の組織や細胞をつくる体組成成分（体たんぱく質）です。体たんぱく質の合成の程度は、損傷した筋肉や、靭帯、腱などの結合組織の治癒回復に大きく影響を与えます。

入院中の病院食では十分なたんぱく質摂取につながらない場合、事情が許されるのであれば、筋量維持や体たんぱく質合成のために補食（間食）や栄養補助食品で補うことも必要でしょう。たんぱく質の摂取量は、減らしてはいけません。

骨折の場合には、骨の主成分であるカルシウムを補充するために多めの乳製品と、ミカン、レモン、グレープフルーツ、イチゴ、キウイフルーツといった果物などによるビタミンCの摂取も忘れてはいけません。

Q　かぜなどの体調不良を予防したり、回復を早める食事法はありますか？

A　どんなに体をきたえていても、どんなに注意をしていても、生身の人間であれば、かぜや夏バテ、強い疲労感などの体調不良に悩まされるものです。体調不良は、運動のパフォーマンスに悪影響を与えることに疑いの余地はありませんから、その予防や早い回復のためには、バランスのよい食事と、ポイントを絞った食事で、万全のコンディションの保持や回復に努めたいところです。

かぜ

日々のきびしいトレーニングによって頑強な肉体と身体能力を備えたトップアスリートですが、むしろ一般の人よりかぜをひきやすいと聞くと意外に思われる方もいるでしょう。

長年、オリンピックの日本代表選手団本部ドクターを務めてきた早稲田大学スポーツ科学学術院の赤間高雄教授によれば、2012年のロンドンオリンピック開催中に医務室を訪れた選手でもっとも多かったのはかぜの症状で約4割、2位が胃腸炎などの消化器系、3位が皮膚系で、この順位は、オリンピックや大きな国際大会ではいつものことなのだそうです。

その理由として、適度な運動では上がる免疫機能が、逆にオリンピックに出場するようなアスリートが行う激しい運動によって下がってしまうことが挙げられます。

免疫機能の指標に使われる「SIgA（分泌型免疫グロブリンA）」は、唾液、涙、鼻粘膜や消化管分泌液などに含まれる抗体で、ウイルスや細菌が粘膜部に吸着するのを防いでくれます。唾液検査をしてSIgAの量が多ければ、免疫機能が高いと判断できます。

特に、フルマラソンや自転車のロードレースのような持久力系の競技は練習量が多く強度も高いため、その分強いストレスがかかります。そのストレスによって分泌されるコルチゾール（副腎皮質ホルモン）は免疫機能を抑える作用があり、SIgAの量を低下させるために病気を発症するリスクを高めてしまうのです。

かぜは、一般的には「急性気道感染症」と呼ばれ、ウイルスが原因の呼吸器の感染症です。新型コロナウイルス感染症（COVID-19）と同じ飛沫《ひまつ》感染や接触感染が感染経路ですから、感染予防対策としてマスクの着用、こまめな手洗いの徹底が効果的です。

しかし、競技中や練習中にマスクの着用や手洗いはできず、汗をぬぐった手で口や鼻にふれてしまうと感染しやすくなります。そのため、ふだんから基礎体力を強化して免疫機

抗酸化ビタミン、ポリフェノールを多く含む食品

ビタミンA（β-カロテン）	緑黄色野菜（カボチャ、ニンジン、ホウレンソウ、小松菜、ピーマン、トマト、ブロッコリー、モロヘイヤなど）、レバー、ウナギなど
ビタミンC	果物（レモン、グレープフルーツ、夏ミカン、温州ミカン、柿、イチゴなど）、野菜（ホウレンソウ、ピーマン、ジャガイモなど）
ビタミンE	緑黄色野菜（ピーマン、カボチャなど）、種実類（アーモンドなど）、大豆製品、植物油（ひまわり油）、ウナギなど
ポリフェノール	アントシアニン（赤ワイン、ブルーベリー、紫イモ）、カテキン（緑茶）、大豆サポニン（大豆、納豆、豆乳、おから）、クルクミン（カレー粉、ウコン茶）

能を高め、ウイルスに感染しにくい体をつくっておくことが大事です。

特に、かぜをひきやすい季節は、「抗酸化ビタミン」と呼ばれるビタミンA、C、Eや、ポリフェノールの摂取が重要です。ビタミンAは、鼻やのどの粘膜を強化し、ビタミンCは免疫力を高め、ビタミンEは血行をよくし抵抗力を高めます。ポリフェノールは抗酸化作用が強く、活性酸素などの有害物質を無害化する作用があります。また、免疫力を高め、体を温めるたんぱく質が豊富な食品もしっかりとりましょう。

こうした栄養素は、動脈硬化を起こしやすくする過酸化脂質や、免疫機能の低下を引き起こす活性酸素の傷害を抑える働きがあります。

健康のための適度な運動は免疫機能を高めますが、

高強度の運動や運動のしすぎは免疫機能を低下させます。かぜをひいたら、パフォーマンスは間違いなく落ちますから、万全のかぜ予防対策が必要です。

夏バテ

夏バテに明確な定義はありませんが、暑い夏に、食欲がない、体がだるい、疲れがなかなかとれない、息切れや動悸《どうき》が激しい、頭痛やめまい、下痢、吐き気、熱っぽい、無気力になるといった自覚症状がしばらく続いた状態をいいます。

夏バテの原因は、体温調節を行う自律神経の乱れ、水分不足による血液やリンパの流れの滞り、冷たい飲み物の過剰摂取による胃腸の働きの乱れ、睡眠不足などが挙げられます。

夏バテの予防には、成人で1日に最低でも1～1・5ℓ、運動したらそれ以上の水分補給が必要です。自律神経の乱れを整えるには、しっかり睡眠をとります。夜になって、副交感神経の働きを高めるには、ゆっくり湯船につかってリラックスするのも効果的です。

さらに重要なのは食事です。夏は冷たい食べ物が好まれますが、できるだけ控えるか加熱処理をして胃腸を冷やさないようにします。1日3食、欠食せずにしっかり食べましょう。食欲がないとつい簡単なメニューで済ませがちですが、たんぱく質、糖質、脂質にビタミン、ミネラルもしっかりとるようにします。

食欲を増進させるには、酸っぱいもの、ピリッと辛いもの、しょっぱいもの、風味を加えるものなどスパイスを上手に生かすといいでしょう。梅干しや酢などの酸味には、食欲を増進させる働きが期待できます。

また、ビタミンB群の摂取も欠かせません。糖質をエネルギーに変換したり、老廃物の代謝にも関係していて、疲労回復や食欲増進の働きがあります。水溶性のために、特に汗を多くかく夏場に不足しがちになる栄養素です。ビタミンB_1は、豊富な豚もも肉以外にも、玄米（胚芽）、レバー、カツオ、ウナギにも含まれています。タマネギやニンニクに含まれる成分アリシン（硫化アリル）成分は、ビタミンB_1の吸収率を上げ、新陳代謝を高める効果がありますので、一緒に食べるようにします。

夏バテの予防には、クエン酸やビタミンCを強化した飲料を補給することをおすすめします。レモン、グレープフルーツ、夏ミカンなど、柑橘《かんきつ》系の果物に多く含まれています。

カルシウム、ナトリウム、鉄、亜鉛など体の組織や機能を調整しているミネラルは、非常に吸収しにくい栄養素ですが、腸からの吸収を高めてくれるのが、クエン酸です。

特に、夏に怖い熱中症による脱水症状を改善するには、水分だけではなくミネラルの摂取が大切です。ミネラルの吸収をサポートする働きに期待して、クエン酸が含まれているものを水分補給に使用すると、熱中症の対策にもより効果的です。クエン酸は一度に多くとっても体外に排出されますから、1日何回かに分け、毎日とり続けることが大切です。

疲労回復には、玄米、豚肉、ウナギ、豆類、ネギ、山芋といった高たんぱく、高ビタミンの栄養価の高い食材もしっかりとります。

強い疲労感

スポーツをする人のパフォーマンス（競技能力）は、競技の特性に見合った高い強度のトレーニングを継続的に行った後、食事や休養をしっかりとることで得られるものです。

しかし、疲れが抜けきらない、いわば強い疲労感がある状態ではトレーニングの効果は十分に発揮できませんから、少しでも早い疲労回復が求められます。

これまで、疲労の原因としてエネルギーの枯渇が挙げられ、ウナギやニンニク、焼き肉といった〝スタミナのつく食べ物〟や、栄養ドリンクで軽減するといわれてきました。

しかし、運動をして体が疲れを感じるのはエネルギーが不足したからではなく、大多数の人が、体内で活性酸素が過剰に発生して細胞が錆《さ》びてしまう、いわゆる「酸化ストレス」によって細胞本来の働きができなくなるからという説が今では有力です。

では、活性酸素、酸化ストレスとはなんでしょう。

私たちは呼吸によって体内にとり込んだ酸素を利用して生命活動を維持していますが、その一部は、活性酸素に変化します。

活性酸素は、体内の免疫機能や感染防御、細胞間のシグナル伝達物質として重要な役割を担っていますが、いっぽうで悪さもします。

通常、体内には、活性酸素の産生を抑制したり、生じたダメージの修復や再生を促したりする生体防御システム「抗酸化機構」が備わっていますが、それを上回って活性酸素が過剰に産生されてしまうと細胞を傷つけ、老化を促進し、がん、心血管疾患、生活習慣病などさまざまな疾患を招いてしまうのです。このように、抗酸化機構のバランスが崩れてしまった状態を酸化ストレスといいます。

活性酸素が過剰に産生され酸化ストレスを招くリスク因子としては、病原菌、薬剤（抗がん剤）、飲酒・喫煙、太陽紫外線、放射線、超音波、排煙・排気ガスなどのほか、過度の運動による酸素の大量消費やストレスが考えられます。

適度な運動は筋肉内の抗酸化酵素を増やす作用がありますが、食事による抗酸化ビタミンの摂取と相まってこそ、筋肉をはじめとした体へのダメージを防ぐことができるのです。

今から約30年前に、活性酸素やストレスに着目して、スポーツ健康法が花盛りの風潮に科学的な警鐘を鳴らした『スポーツは体にわるい 酸素毒とストレスの生物学』（加藤邦彦著、光文社、１９９２年）が出版され、話題となりました。なぜ酸素は有毒か、なぜスポーツはストレスかにはじまり、スポーツで体をこわさないための提言で終わる内容です。

著者は、自由にスポーツができるのは幸せなことだとしたうえで、スポーツ健康法を盲信し、「スポーツは体によい」という幻想に巻き込まれ、過度のトレーニングの結果、体をこわし寿命を縮めるのは愚の骨頂であると強く戒めています。

薬に適量があるように、トレーニングにも適切な量があります。まさに、「過ぎたるは猶及《なお》ばざるがごとし」で、特にジュニアやシニアのスポーツ愛好家には注意が必要です。

Q　食物アレルギーで食事が制限されています。どう対応したらいいでしょうか？

A　ある食べ物を口にすることで、なんらかの体調の異変が生じるのが「食物アレルギー」や「食物不耐症」です。食べられないものがあるスポーツ選手は、その有無をきちんと確認し、治療と並行して食事・栄養指導を継続して受ける必要があります。食べられない原因食物の除去は、正確な診断に基づいて必要最小限にするのが原則で、きちんと除去できているか、症状は出ていないかを日々きびしくチェックすることが求められます。

「食物アレルギー」と「食物不耐症」のメカニズムはまったく別のものです。しかし、食べる物によってなんらかの病的な症状が出ることに違いはなく、特に食べることでコンディションを整え、体を動かすエネルギーを調達するスポーツ選手にとって、その影響は大きいものがあります。

プロテニスプレーヤー、ノバク・ジョコビッチ選手は、小麦などの穀物粉に含まれるたんぱく質の一種グルテンが原因で発症するグルテン不耐症と乳糖不耐症でした。

幼いころ、家族がピザ屋を経営していたことから、何年間もピザを簡単につまみ食いし、プロ選手になってからも、ピザ、パスタ、パンなどのイタリア料理を1日数回、肉料理と一緒に食べ続けていたそうです。毎日の猛練習にもかかわらず、こうした食生活が、動きの緩慢、好不調の波、体重過多などを招き、それがやがて、2010年1月の全豪オープンの準々決勝では、自身のダブルフォルトによって試合が終わるというプロ生活最悪ともいえる敗退を喫することにつながりました。

この試合をテレビ中継で偶然見ていた、同じセルビア出身の栄養学者、イゴール・セトジェヴィッチ博士は、不調の原因は間違った食事にあると診断。どの食材が炎症を起こしているのかを確認し、はじめの2週間はグルテンを、次の2週間では余分な糖分と乳製品を排除するという〝新しい食事〟によって、肉体的にも精神的にもかつてない活力がみなぎるようになったといいます。

その結果、全豪オープン敗退からわずか18カ月後の2011年7月にはウィンブルドン優勝、世界ランキング1位に輝き、今もなお世界最強の名声を得ています。

食事の改善が、その人の人生を激変させた好例ともいえます（『ジョコビッチの生まれ変わる食事 あなたの人生を激変させる14日間プログラム』ノバク・ジョコビッチ著、タカ大丸訳、三五館、2015年）。

食物アレルギーとは

食物アレルギーは、アトピー性皮膚炎、ぜんそく、アレルギー性鼻炎と並ぶアレルギー疾患の1つで、原因となる食物を摂取した後に、抗原特異的な免疫学的なしくみを介して、皮膚、呼吸器、目・口・鼻などの粘膜、消化器など生体に不利益な症状を引き起こす現象と定義されています（『食物アレルギー診療ガイドライン2016』日本小児アレルギー学会食物アレルギー委員会)。

食物アレルギーには、次のような症状があり、もっとも多いのが皮膚系です。

皮膚系……かゆみ、むくみ、じんましん、皮膚が赤くなるなど
呼吸器系……咳《せき》、のどの腫れや痛み、呼吸困難など
粘膜系……くしゃみ、鼻汁、鼻づまり、目が赤くなる、まぶたの腫れ、涙が止まらない、口腔《こうこう》・口唇《こうしん》・舌の腫れや違和感など
消化器系……腹痛、嘔吐《おうと》、下痢など

わが国の食物アレルギーの有症率は、乳児が約10%、3歳児が約5%、保育所児が5・1%、学童以降が1・3〜4・5%で、全年齢を通しては、推定で1〜2%程度と考えられています。

原因となる食物は多岐にわたり、その割合は、鶏卵39%、牛乳22%、小麦12%の3つで7割を超え、残りはピーナッツ、果物類、魚卵、甲殻類、種実類、そば、魚類の順となっ

ています（『ＡＭＥＤ研究班による食物アレルギーの診療の手引き２０１７』「食物アレルギーの診療の手引き２０１７」検討委員会）。

食物不耐症とは

食物アレルギーが免疫系を介して極微量の原因食物でも発症するのに対して、食物不耐症は消化器系を介して発症し、「非アレルギー性食物過敏症」ともいわれます。

食べた物の消化、分解、吸収、合成といった一連の代謝には、食物ごとに決まった酵素が必要です。しかし、ある消化酵素が先天的あるいは後天的に不足や欠乏すると、その食物が消化できずにさまざまな症状があらわれます。原因食物が少量の場合は発症しないこともあり、発見には時間がかかります。

頭痛、腹痛、腹部不快感、下痢、胸焼け、吐き気、食欲不振、動悸、発汗、皮膚の乾燥、発疹、呼吸困難などの症状がみられるほか、疲労の原因にもなります。

おもな不耐症と原因食物との関係は、次のとおりです。

グルテン不耐症……小麦、大麦、ライ麦、米、大豆などの穀物粉に水を加えることでできるたんぱく質の一種がグルテンです。うどん、ラーメン、お好み焼き、パン、パスタ、ケーキ、醬油《しょうゆ》や味噌《みそ》など、ほとんどの小麦加工品に含まれています。最近、グルテンを除去したグルテンフリーの食品が売られています。欧米の基準では、グルテン含有量が20㎎／kg未満であればグルテンフリーと表示できると定められています。

乳糖不耐症……牛乳、ヨーグルト、チーズなどに含まれる乳糖を分解する酵素ラクターゼの活性が低く、乳糖を消化吸収できないために出る症状で、もっとも顕著な症状は下痢です。

卵白不耐症……卵白に対する不耐症で、卵黄不耐症よりも一般的です。

その他の不耐症……アルコール（エタノール）を分解するアルコール脱水素酵素（ADH）やアセトアルデヒド脱水素酵素（ALDH）の活性が弱いアルコール不耐症では、酒に弱かったり、注射をするときの消毒用アルコールで皮膚が赤くなる症状が出ます。ほかにも、カフェイン、果糖、チョコレート、イチゴなどに対する不耐症もあります。

食物アレルギーや食物不耐症の人への周囲の対応

食べられないものがあるスポーツ選手に対して注意しなければならないのは、単純に好き嫌いが多い、偏食だと決めつけてしまうことです。もしかしたら食物アレルギーや食物不耐症ではないかと疑い、その有無をきちんと確認しなければいけません。

チームや団体にそのような選手がいればなおさら、監督や指導者は原因食物の有無を確認し、寮生活や合宿、遠征先などでまとめて調理する場合、微量でも口にしないように徹底して注意を払う必要があります。「同じ釜の飯」を強要するわけにはいかないのです。

症状は変化しやすいので、選手自身も定期的に専門医を受診して現状を確認し、監督や指導者に具体的に報告する必要があります。ジュニア選手の場合は、保護者の役割がより重大で、子どもが周囲の無理解によって無理やり食べさせられるような状況は避けるべきです。

食物アレルギーや食物不耐症の人に対する栄養・食事指導は、治療と並行して継続して行われるものです。食べられない原因食物の除去は、正確な診断に基づいて必要最小限にするのが原則です。そのためにも、食物経口負荷試験などで除去の程度を把握し、食物日誌をつけるなどして、症状が出ていないかをきびしくチェックすることが求められます。

Q　ベジタリアンで動物性の食品を食べません。スポーツに影響はないでしょうか？

A　「菜食主義者」と訳されるベジタリアンでも、どのような理由があっても、どのようなかたちであっても、スポーツをするうえではたんぱく質を十分に摂取しなければいけません。たんぱく質のうち毎日きちんと摂取すべき必須アミノ酸は、動物性食品のほうが含まれる量は多いのですが、植物性食品でもけっしてカバーできないわけではありません。

ベジタリアンには、いくつかのタイプがあります。動物性食品をまったく食べない「ビーガン（ピュアベジタリアン）」、肉や魚は食べなくても卵や乳製品は食べる「ラクトオボベジタリアン」、魚は食べる「ペスコベジタリアン」、少量の鶏肉や魚は食べる「セミベジタリアン（ポーヨーベジタリアン）」などです。

また、宗教上の理由、たとえばイスラム教には、「ハラール（許された行為や物）」と「ハラーム（禁じられた行為や物）」と呼ばれる厳格な規範があり、特に食においてのハラームとして知られているのが、豚肉とアルコールです。

豚肉や、ベーコン、ソーセージなどの加工食品、ラードや調味料、添加物などの豚由来成分も、イスラム教は禁止しています。アルコールも、酒に限らず、醤油やみりんに含まれる微量のものまでも口にしないイスラム教徒もいます。一方で、豚以外では、イスラム教の教えに基づく方法で処理された肉（ハラール肉）は口にすることが許されています。

日本の精進料理も、殺生《せっしょう》を戒める大乗仏教の教えに基づいて鳥獣の肉や魚など動物性の食材を避けたもので、穀類、野菜、海藻など植物性の食材を用いている点は、ベジタリアンの食事メニューに近いものがあります。

こうした食に対する倫理、主義、信念、宗教上の理由などに基づく生活習慣の違いは、スポーツの世界においても尊重されなければならず、選手に対する細やかな配慮が求められるのが原則です。

スポーツをする人が動物性の食品をいっさいとらずに栄養のバランスをとるのはたしかにむずかしいかもしれませんが、けっして代替できないものではありません。

要は、どのような理由があっても、どのようなかたちであっても、体組成、特に筋肉にとって、ひいては健康を維持するためにも、たんぱく質を十分に摂取しなければいけないことは紛れもない事実です。

前述したとおり、毎日食事できちんと摂取しなければいけない必須アミノ酸は、動物性たんぱく質のほうが植物性たんぱく質よりも多く含まれていますが、動物性食品を食べないならば、あとは植物性食品などの組み合わせでなんとか工夫するしかありません。

ごはん、うどん、そば、食パンなどの毎日の主食にも、たんぱく質が含まれています。そら豆、ブロッコリー、納豆や豆腐、豆乳などの大豆製品は、植物性食品のなかでもたんぱく質が群を抜いて多く含まれていますし、ごはんに納豆といったように、穀類と豆類を組み合わせると、それぞれに足りない必須アミノ酸を補い合うこともできます。

また、食品中に含まれる必須アミノ酸のバランスを評価したものを「アミノ酸スコア」

といい、その値が100に近いほど良質なたんぱく質の食品です。大豆を原料にしたプロテインなど、アミノ酸スコアが100になるように調整されたサプリメントは動物性たんぱく質と同等で、安心して利用できます。

動物性食品をとらないと、鉄、亜鉛、カルシウム、ビタミンB_{12}などの微量栄養素が不足しがちですが、これらはサプリメントで補うことができます。

第2章　スポーツをする人はなにをどう食べたらいいのか

体に必要なエネルギーや栄養素は、食べることでしか摂取されません。したがって、どのように食事をとるかはきわめて重要です。本章では、スポーツをする人にとってさまざまなケースでの食事法、望ましい食生活について解説します。

Q　ふだんからこまめに食生活をチェックすることは、なぜ必要なのですか?

A　食生活を記録しチェックすれば、自分の食事の傾向が分かり、問題点を改善するため

の食事計画を立てるうえで重要なデータとなります。さらに、体重や体脂肪率の測定記録と組み合わせれば、食事や栄養素のコントロールにつながり、試合や長期的な練習の計画作成にも役に立つからです。

自分自身の行動や体の変化を観察し、記録し、整理し、評価することを「セルフ・モニタリング（自己観察）」といいます。それによって、自分が目標にどのくらい近づいているかを客観的に把握でき、問題解決の糸口が見えてきて自己強化にもつながります。自分で自分を制御する、セルフ・コントロールができるようになれば、自分が変化し、目標を達成した後のコンディションレベルを維持できる確率も高まります。

毎日、体重と体脂肪率を測定し、その変化とともに練習の内容や体調を記録しているアスリートは数多くいます。それが、試合や長期的な練習の計画作成に役に立つからです。

それだけでなく、毎日の3食分に加えて、口にしたもののすべてを細かく記録しているアスリートもいます。そうすれば、自分の食事の傾向が分かり、もしなにか問題があればそれを改善するための食事計画を立てるうえで重要なデータにもなります。

体重や体脂肪率の測定記録と、食事の記録を組み合わせれば、自分の体はどういう食事をしたときに体重や体脂肪率が増え、どういうときに減るのかが把握でき、食事や栄養素の摂取のコントロールにつながります。

特にジュニア選手の体は、日々成長していて、はたして健全な発育曲線に沿っているのかどうかは気になるところです。もし、発育曲線から大幅にずれているようでしたら、いったいなにが原因なのかを突き止めなければなりません。そのためにも、日々の体重、体脂肪率、食事のセルフ・モニタリングは欠かせません。

たとえば、「食事のセルフ・モニタリング表」（次ページ）を使って、朝食・昼食・夕食ごとに、食事の基本スタイルである「主食、主菜、副菜、牛乳・乳製品、果物」が全部そろっているか、なにが欠けているか、補食としてなにをどのタイミングで食べたかや反省すべき点、そしてその日の練習の有無などを毎日記入していきます。

それを見て、とりすぎのもの、不足しているものがあれば、1週間のなかで調整するようにします。1週間たったら、自分の目標がどれくらい達成できたか、「できた・まあまあできた・できなかった」といった3段階でチェックしてみましょう。

食事のセルフ・モニタリング表

食事のセルフモニタリング表

月　日〜　月　日

今週の食事の目標

1週間たって、目標は達成できましたか？
○をつけてみましょう
○＝できた　△＝まぁまぁできた
×＝できなかった

○・△・×

	朝食	昼食	夕食	今日の反省	練習の有無
記入例 月曜日 3／4	副菜 果物 牛乳・乳製品 主菜 主食 副菜	副菜 果物 牛乳・乳製品 主菜 主食 副菜	副菜 果物 牛乳・乳製品 主菜 主食 副菜	昼食の果物が食べられなかったから、夕食でちょっと多めに食べた。	あり・なし（2 時間）
月曜日 ／	副菜 果物 牛乳・乳製品 主菜 主食 副菜	副菜 果物 牛乳・乳製品 主菜 主食 副菜	副菜 果物 牛乳・乳製品 主菜 主食 副菜		あり・なし（　時間）
火曜日 ／	副菜 果物 牛乳・乳製品 主菜 主食 副菜	副菜 果物 牛乳・乳製品 主菜 主食 副菜	副菜 果物 牛乳・乳製品 主菜 主食 副菜		あり・なし（　時間）
水曜日 ／	副菜 果物 牛乳・乳製品 主菜 主食 副菜	副菜 果物 牛乳・乳製品 主菜 主食 副菜	副菜 果物 牛乳・乳製品 主菜 主食 副菜		あり・なし（　時間）
木曜日 ／	副菜 果物 牛乳・乳製品 主菜 主食 副菜	副菜 果物 牛乳・乳製品 主菜 主食 副菜	副菜 果物 牛乳・乳製品 主菜 主食 副菜		あり・なし（　時間）
金曜日 ／	副菜 果物 牛乳・乳製品 主菜 主食 副菜	副菜 果物 牛乳・乳製品 主菜 主食 副菜	副菜 果物 牛乳・乳製品 主菜 主食 副菜		あり・なし（　時間）
土曜日 ／	副菜 果物 牛乳・乳製品 主菜 主食 副菜	副菜 果物 牛乳・乳製品 主菜 主食 副菜	副菜 果物 牛乳・乳製品 主菜 主食 副菜		あり・なし（　時間）
日曜日 ／	副菜 果物 牛乳・乳製品 主菜 主食 副菜	副菜 果物 牛乳・乳製品 主菜 主食 副菜	副菜 果物 牛乳・乳製品 主菜 主食 副菜		あり・なし（　時間）

1週間の反省・気がついたこと・改善したいことを書きましょう

＊このページはコピーして使いましょう

『小・中学生のスポーツ栄養ガイド　スポーツ食育プログラム』（女子栄養大学出版部）より転載

己を知るには、記録するのが一番です。面倒がらずにこまめに記録を取る習慣を身につければ、自己管理能力は必ず高まり、スポーツに適した体がつくられていきます。

Q　現在の食事の量が適切か、どのように確認したらいいですか？

A　もっとも分かりやすい指標は、体重です。ふだんから食生活をこまめにチェックしていれば、体重の増減によって、エネルギー過剰やエネルギー不足になっていないか、それによって食事の量が適切であるかどうかが確認できます。

成人の場合、毎日の測定で、体重に変化がなければ、エネルギー消費量とエネルギー摂取量が釣り合っているので、それまでの食事の量をキープすればいいでしょう。

筋肉が1日で増える量は少ないので、体重が増えていれば、エネルギー消費量よりエネルギー摂取量が多く、エネルギー過多だとわかります。余分なエネルギーは体脂肪として

エネルギーの摂取量と消費量のバランスイメージ

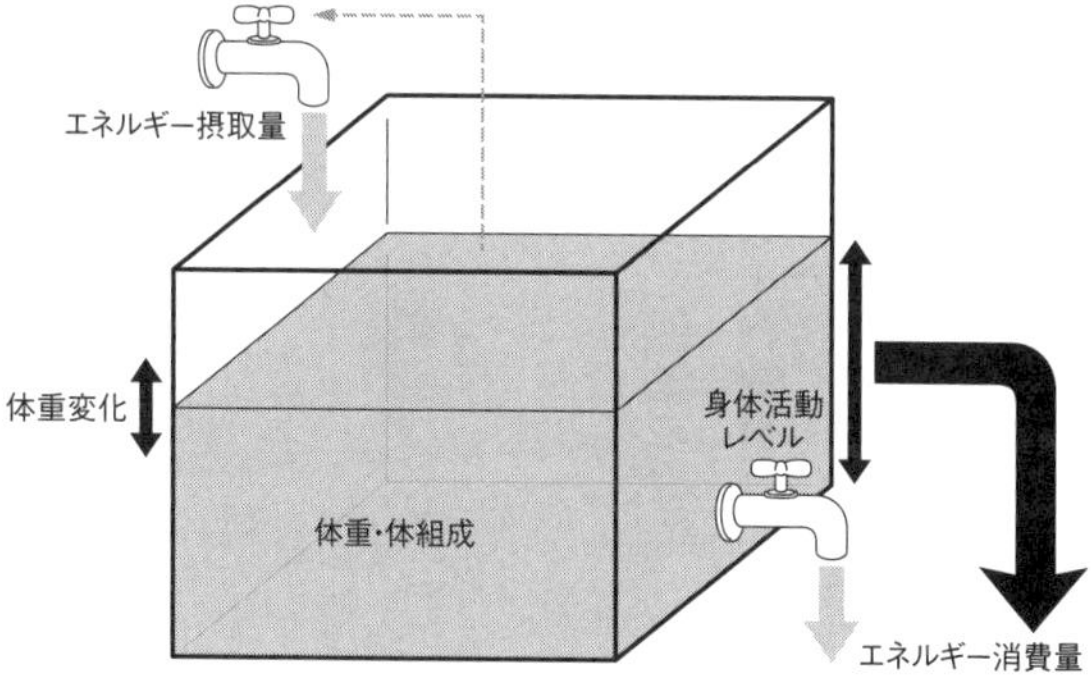

『日本人の食事摂取基準（2020年版）「日本人の食事摂取基準」策定検討会報告書』（厚生労働省）をもとに作成

蓄えられていると推定されますから、食事の量を減らさなければなりません。

逆に、体重が減っていたらエネルギー消費量よりエネルギー摂取量のほうが少なく、エネルギー不足です。十分なトレーニングを維持するための体力が低下している証拠ですから、食事の量を増やすようにします。

「食事の量（エネルギー摂取量）は、1日の総エネルギー消費量に応じて決める」という大原則に基づいて、どのくらい食べればいいのかをコントロールするために、条件が同じになるように毎朝同じ時間、起床してトイレに行ってから体重測定を行うとよいでしょう。

そもそも、エネルギーは、生命を維持しさ

まざまな活動を行うには欠かせないもので、その源となるのが、食事などで摂取された糖質（炭水化物）、脂質、たんぱく質などのエネルギー産生栄養素です。

それらが体内に貯蔵され、筋肉の収縮、体温の保持、細胞内での物質の合成や分解、神経の刺激伝達などを行うためのエネルギーとして消費されます。その過程を「エネルギー代謝」といいます。

私たちが1日に消費する総エネルギー量（エネルギー消費量）は、次の3つで構成されています。


基礎代謝量……体温の維持、呼吸、心臓の拍動など、覚醒状態での生命活動に必要な最小限のエネルギー代謝量。1日の総エネルギー消費量に占める割合は約60％。

食事誘発性熱産生……食事によって消化・吸収された栄養素が分解され、一部が体熱となって消費されるために安静にしていても食後に増えるエネルギー代謝量。1日の総エネルギー消費量に占める割合は約10％。

活動時（身体活動）代謝量……①労働や家事などの日常生活活動（非運動性身体活動）に

よって消費するエネルギー代謝量。②スポーツなどの自発的身体活動によって消費するエネルギー代謝量。1日の総エネルギー消費量に占める割合は約30%。

しかしながら、1日の総エネルギー消費量は、活動量（スポーツをする人にとっては競技やトレーニングの量）、体格、年齢、性別などさまざまな因子の影響を受けます。たとえば、トレーニングを行った日と行わなかった日とでは、1日の総エネルギー消費量の内訳も当然変化します（次ページの図）。

1日の総エネルギー消費量を正確に測定するのはむずかしいため、それに対応するためのエネルギー摂取量にはおおよその目安が設けられています（次ページの表）。

あなたがスポーツをするのかしないのかで異なります。参考にするといいでしょう。

1日の総エネルギー消費量の内訳とトレーニングによる変化

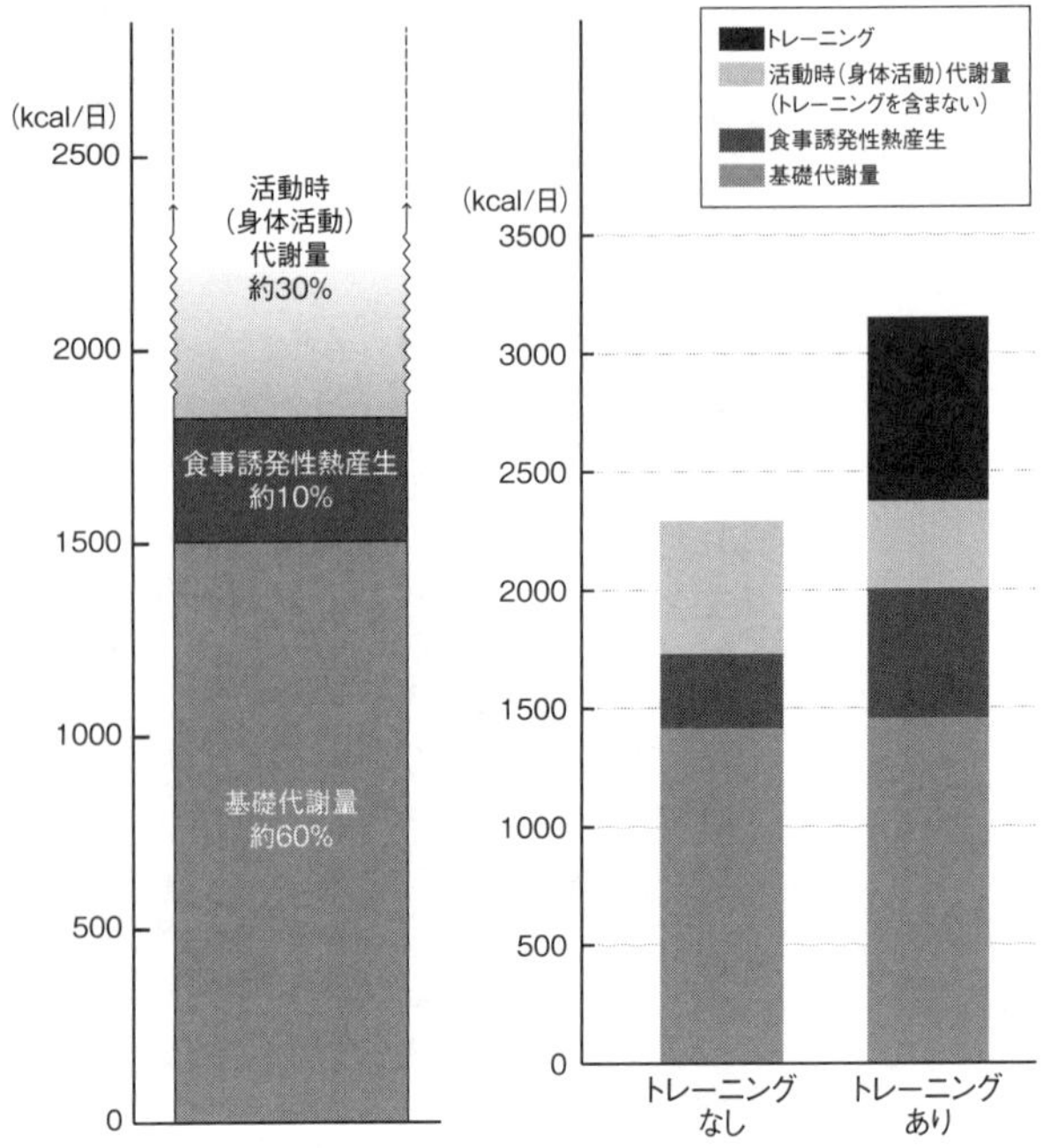

1日あたりのエネルギー摂取量の目安

スポーツをする人	一般的な成人
3000〜4500kcal（男性）	2250〜3550kcal（男性）
2500〜3500kcal（女性）	1800〜2800kcal（女性）

Q　1日の食事の量はどのくらい必要か、具体的に知る方法はありますか？

A　**もしスポーツをする人が、自分の1日に必要な食事の量、つまりエネルギー摂取量を具体的に知りたければ、それを求める計算式がありますので、算出してみてはいかがでしょう。**

計算式にあてはめるために、まずは、市販の体組成計を使って体重と体脂肪率を測定することからスタートです。体重に体脂肪率をかけると、体脂肪量が出ます。次に、体重から体脂肪量を引いて除脂肪量（除脂肪体重）を求めます。この除脂肪量に28・5kcal／kg／日をかけた値が基礎代謝量です。

この基礎代謝量に、次ページの表の身体活動レベルをかけると、あなたの1日の消費エネルギー量が算出できます。

たとえば、サッカー選手のB君（体重60kg、体脂肪率15％）の場合、次ページの式を使って計算したところ、練習期での1日のエネルギー摂取量は２９０８kcalという結果が出まし

1日のエネルギー摂取量の計算式

Step1 除脂肪量（LBM）を求める

体脂肪量（kg）＝体重（kg）× 体脂肪率（%）÷ 100

除脂肪量（kg）＝体重（kg）－ 体脂肪量（kg）

Step2 基礎代謝量を求める

基礎代謝量（kcal/日）＝28.5（kcal/kg/日）× 除脂肪量（kg）

Step3 競技種目別の身体活動レベル（PAL）を確認する

身体活動レベル（PAL）は、1日の消費エネルギー量が基礎代謝の何倍にあたるかを示す数値です。競技種目のカテゴリーによって異なりますので、次の表の該当する数値を確認します。

競技種目のカテゴリー	オフ練習期	練習期
持久力系	1.75	2.50
筋力（瞬発力）系	1.75	2.00
球技系	1.75	2.00
その他	1.50	1.75

Step4 1日のエネルギー摂取量を求める

エネルギー摂取量（kcal/日）＝
基礎代謝量（kcal/日）× 身体活動レベル（PAL）
＝[　　　　　] kcal/日

これがあなたの1日のエネルギー摂取量

『戦う身体をつくる　アスリートの食事と栄養』（ナツメ社）をもとに作成

た。

［計算例］

体脂肪量（kg）＝60（kg）×15（%）÷100＝9（kg）

除脂肪体重（kg）＝60－9＝51（kg）

基礎代謝量（kcal／日）＝28.5（kcal／kg／日）×51（kg）≒1454（kcal／日）

1日のエネルギー摂取量（kcal／日）＝1454（kcal／日）×2.00（＊）＝2908（kcal／日）

（＊練習期の球技系スポーツの身体活動レベル［PAL］を2・00として計算）

この数値は概算ですので、常に体重や体脂肪率を測って基礎代謝量を確認し、それに基づいて食事の量を調整するとよいでしょう。

競技種目別・1日あたりのエネルギー消費量

エネルギー消費量（kcal/日）	競技種目
2500 ～ 3000	体操、卓球、バドミントン、水泳飛込み、フェンシング、アーチェリー、スキージャンプ、ヨット、馬術、射撃
3000 ～ 3500	陸上（短・中距離走、跳躍）、野球、テニス、バレーボール、ボクシング（軽・中量級）
3500 ～ 4000	サッカー、ホッケー、バスケットボール、陸上（長距離）、剣道
4000 ～ 4500	陸上（マラソン、投てき）、水泳、ラグビー、アメリカンフットボール、自転車ロードレース、レスリング（軽量級）、ボクシング（重量級）
4500 ～ 5000	ボート、スキー、レスリング（中・重量級）、柔道（重量級）、相撲

『アスリートのための栄養・食事ガイド』（第一出版）をもとに作成

Q　1日の食事の量は、競技種目によってどのくらい違うものですか？

A　食事の量（エネルギー摂取量）を決める基礎となるエネルギー消費量は、身長、体重、身体組成、年齢、性別などで違いますが、スポーツをする人の場合は、しない人よりも増えます。それは、競技種目の特性や持続時間、強度、練習量などの条件が加わるからです。競技種目別の1日あたりの目標値を参考にして、きちんと食事で補いエネルギー摂取量を増やさなければなりません。

状態を招くなどの可能性があり、健康障害に注意する必要があります。

サプリメントのなかには、摂取のタイミングや量、その効果などが明らかでないものもあり、中には、アスリートとしては致命的となるドーピング禁止薬物が含まれるものもあります。禁止薬物が使われているにもかかわらず成分表示に記載されていなかったり、記載が不十分でそれを見ただけでは禁止薬物かどうかを判断できなかったりすることもあります。たとえその効果が認められているサプリメントであっても、ドーピング違反になるリスクは十分に考慮しなければなりません。

サプリメントは、薬ではなく食品で、厚生労働省がお墨付きを与えている特定保健用食品以外は、有効性・安全性に規制や基準がありません。そのため、効能効果を過大に表記すると薬機法（医薬品医療機器等法。旧薬事法）違反になるおそれがあるものです。病気の治療のために服用している薬と併用することで副作用が出る場合もあり、天然・自然由来だからといって必ずしも安心できるものではありません。

また、サプリメントに頼り過ぎていると、とるのをやめたときが怖い、ほかの食事が十分にとれなくなるといったように、一生サプリメントに頼らなければならなくなってしまう依存症ともいえる症状が、特に若いアスリートに見受けられます。

サプリメントは、けっして食事の代わりになるものではありません。1日3食のうちの1食をサプリメントで済ましたり、適切な食事がとれなかった穴埋めにしたりといった安易な摂取は避けるべきです。

Q　スポーツドリンクを飲むことで、どのような効果が期待できますか？

A　スポーツドリンクには、水分や塩分（電解質）補給を主体としたハイポトニック飲料と、糖分濃度の高いアイソトニック飲料があります。アイソトニック飲料は、長時間の運動のエネルギー源になり、パフォーマンスの維持・向上につながります。水溶性ビタミン、アミノ酸、クエン酸を含むものもありますが、糖分と塩分補給に絞った飲用が望ましいところです。

市販されているスポーツドリンクには、水分やナトリウムだけではなく、運動時のおもなエネルギー源である糖質を補給できるものが多くあります。エネルギー補給の効果をもたらすためには、その糖質の濃度を科学的根拠に基づいてどのくらいに決めるかが重要になってきます。

糖質の場合、胃から小腸への移動がポイントの1つです。その段階で、糖質の重量濃度（g／100㎖）がある基準以上に高くなると、胃から小腸への水分の供給量が頭打ちになり、それにともなって、小腸での水分の吸収が遅れてしまい、水分補給にとってはマイナスの状況になります。

そうならないための糖質の濃度は、8％程度までに抑える必要があることが分かっています。スポーツ栄養学の数多くの研究でも、糖質の濃度が4～8％のスポーツドリンク（溶液）を摂取すると体への水分と糖質の吸収が速く、長時間（およそ90分以上）の持久力を必要とする運動パフォーマンスの維持・向上が期待できます（次ページの図）。それ以上濃度が高くなると効果が認められないと結論付けています。反対に、甘さを抑えたいという理由から水で薄めすぎても効果は小さくなります。

糖質ドリンクの摂取と疲労との関係

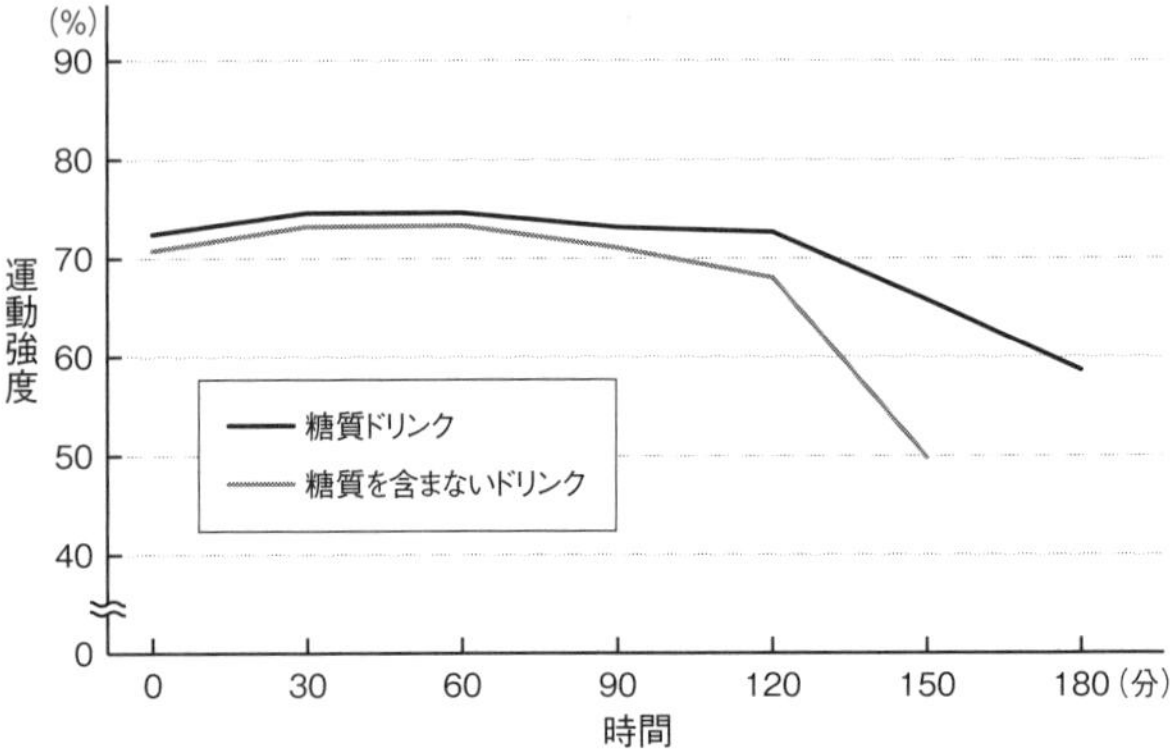

『アスリートのための栄養・食事ガイド』（第一出版）をもとに作成

スポーツドリンクには、ハイポトニック（低張性、低張液）飲料やアイソトニック（等張性、等張液）飲料とよく表示されています。

ハイポトニック飲料は、糖質や塩分（電解質）濃度が低く、さらに浸透圧も低いので、特に運動による発汗量の多い夏場は、水分が腸管で速く吸収されます。糖質が抑えられているために、減量時にも向いています。熱中症など激しい脱水のときに水分補給としてすすめられる「経口補水液」も、ハイポトニック飲料の部類に入ります。

いっぽう、アイソトニック飲料は、糖質や塩分の濃度が高く浸透圧が人の安静時の体液と同じですので、安静時や特に発汗量の少ない冬場は、水分の吸収よりエネルギー補給が優先されます。長時間の運動のエネルギー源になり、パフォーマンスの維持・向上につながるのは、このアイソトニック飲料です。

マラソンランナーが、給水所に自分でアレンジしたスペシャルドリンクを準備していることがよくあります。レースの前半では、水分や塩分補給を主体としたハイポトニック飲料、レースの後半ではエネルギー補給のために糖分濃度の高いアイソトニック飲料を置く傾向が強いようです。

糖分以外に、スポーツドリンクに含まれる不可欠な成分は、ナトリウム（塩分）です。発汗によって水分とナトリウムが同時に体外に排出されますが、水分だけ補給すると体液が薄まり低ナトリウム血症を引き起こします。そこで、１００㎖あたり40〜80㎎のナトリウムが含まれるスポーツドリンクが推奨されています。

ほかにも、発汗によって失いやすい水溶性ビタミン（ビタミンB群とビタミンC）、たんぱく質を構成するアミノ酸（ＢＣＡＡ［バリン・ロイシン・イソロイシンの総称］、アルギニン、グルタミンなど）、エネルギー代謝の中心的な役割をはたすクエン酸といった成分を含むスポーツドリンクもあります。

しかし、成分によっては胃がもたれたり、経口摂取での有効性がまだ科学的に認められていないものもあるので、糖質と塩分補給に絞った飲用をメインにするのが望ましいかもしれません。

Q　スポーツには欠かせない水分補給ですが、注意しなければならないことはなんですか？

A　スポーツをするにあたって、脱水症状や熱中症の予防は最優先です。「暑さ指数」を指標とした運動指針に基づき、のどの渇きを感じる前に強制的に水分補給タイムを設けるなどして万全を期すことが強く求められます。真水よりもスポーツドリンクがおすすめで、試合や練習の前・中・後のどのタイミングで水分補給するかも大きなポイントです。

スポーツ現場での指導法で１８０度転換したとしてよく話題になるのが、水分補給の考

水分補給が体温に及ぼす影響

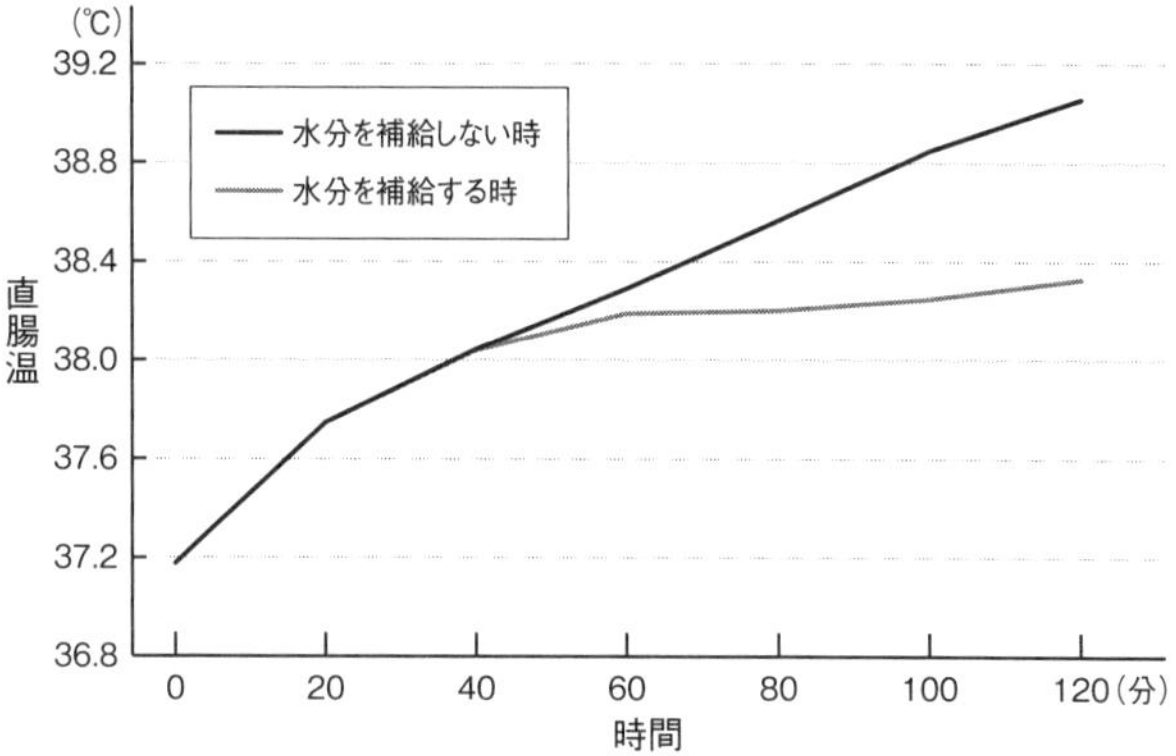

『アスリートのための栄養・食事ガイド』（第一出版）をもとに作成

え方ではないでしょうか。昔は、「練習中には絶対に水を飲んではいけない」だったものが、今では「試合や練習の前・中・後には水分補給をするのが常識」となりました。「練習中に水を飲むのは、さぼっている証拠」と、指導者が真顔で選手たちを叱りつけていた時代とは隔世の感があります。

男性の体の約60％、女性の体の約50％は、水分で占められています。脂肪組織にはわずか10～15％の水分しか含まれていないのに対して、筋肉組織には約70～75％の水分が含まれているので、特に筋肉質のアスリートの場合、体の水分の占める割合は高くなっています。

運動をはじめると、体内では熱が産生されはじめます。体温が1℃上昇すると内臓機能は10％低下するといわれ、大量に汗をかいて熱を外へ放射しながら体温上昇を抑制して、体を元の状態に戻そうとします（前ページの図）。血液中の水分が体内の熱を吸収して汗として体表面に分泌され、それが蒸発するときに気化熱となって熱を奪うという仕組みです。炎天下でラグビーの練習を2時間半続けたとすると、選手は約1500㎖の汗をかきます。練習前に補給した水分も、食事で摂取したビタミンやミネラルも、かなりの量を失ってしまいます。

脳が渇きをキャッチするには時間差があるため、「のどが渇いた」と感じたときにはすでに脱水がはじまっていて、心拍数が増え、筋肉からも水分が奪われて運動能力が低下してしまいます。

脱水症状がさらに進行すると、熱中症になる危険性が高まります。体内に水分が不十分であったら、汗をかきたくてもかきにくく、血液の量は減り、ドロドロして流れも悪くなり、脳梗塞や心筋梗塞のリスクが高まります。

熱中症を予防するために、「暑さ指数（湿球黒球温度　WBGT：Wet Bulb Globe Temperature)」を指標とした運動指針があります（次ページの図）。暑さ指数は、人体と外気との熱のやりとりに影響が大きい気温（1割）、湿度（7割）、輻射熱《ふくしゃねつ》（2割）の3つの効果を取り入れて決められ、摂氏度（℃）であらわされます。

屋外：WBGT（℃）＝0.7×湿球温度＋0.2×黒球温度＋0.1×乾球温度

なぜ、湿度が7割を占めているかといえば、湿度が高いと汗が蒸発しにくく、体から熱を放出する能力が低下し熱中症になりやすいからです。

しかし、その測定には専用の機器を用いるため、実際には暑さ指数に相当するおおよその気温（湿球温度や乾球温度）を指標に、どのような運動をしたらいいかを判断するようになっています。暑さ指数が28℃（湿球温度24℃、乾球温度31℃）を超えると、熱中症患者の発生率が急増しています（環境省ウェブサイト）。

スポーツをするにあたっては、この運動指針に基づいて熱中症の予防に万全を期すことが強く求められます。

熱中症予防のための運動指針

暑さ指数℃	湿球温度℃	乾球温度℃		
			運動は原則中止	暑さ指数31℃以上では、特別の場合を除いて運動は中止。特に子どもの場合は中止すべきです
31	27	35		
			厳重注意（激しい運動は中止）	暑さ指数28℃以上では、熱中症の危険性が高いので、激しい運動や持久走など体温が上昇しやすい運動は避けます。10〜20分おきに休息を取り水分・塩分を補給します。低体力、肥満の人や、暑さに弱い人は運動を軽減するか中止します
28	24	31		
			警戒（積極的に休息）	暑さ指数25℃以上では、熱中症の危険が増すので、積極的に休息を取り水分・塩分補給を適宜行います。激しい運動の場合は、30分おきぐらいに休息を取ります
25	21	28		
			注意（積極的に水分補給）	暑さ指数21℃以上では、熱中症での死亡事故が生じる可能性があります。熱中症の兆候に注意し、運動の合い間に積極的に水分・塩分補給をします
21	18	24		
			ほぼ安全（適宜水分補給）	暑さ指数21℃未満では、熱中症の危険性は小さいものの、適宜水分・塩分補給をすることは必要です。ただし、市民マラソンなどではこの条件でも熱中症を発症するので注意します

『スポーツ活動中の熱中症予防ガイドブック』（公益財団法人日本スポーツ協会、2019年）をもとに作成

試合中の水分補給はまた、熱中症の予防だけでなく、競技の成績を大きく左右します。のどの渇きを感じてからでは遅いので、強制的に水分補給タイムを設けるなどして、できれば15～20分に1回、200㎖くらいのこまめな水分補給を習慣づけましょう。

真水よりもスポーツドリンク

では、どのようなドリンクを補給したらいいでしょうか。

体に含まれる水は真水ではありません。汗をかくとしょっぱい味がするのは、ナトリウム、カルシウム、カリウム、マグネシウム、そして塩素など、イオン（電解質）と呼ばれる正負の電荷をもつ元素を含んでいるからです。このイオンの微妙なバランスによって体の水分（体液）が保たれています。

ところが、一度に大量のドリンクを飲んでしまい体内の水分量が過剰になってしまうと、イオンの微妙なバランスが崩れ、命にも関わるさまざまな症状が出る「水中毒《みずちゅうどく》」の状態を招いてしまいます。

水中毒には、血液中のナトリウム濃度が大きく関係しています。水分だけを補給してナトリウムを補給しないと血液中のナトリウム濃度が低下し、そこで起こるのが「低ナトリウム血症」です。

低ナトリウム血症の初期の段階では、動作や反応が緩慢になり、軽度の疲労感がみられますが、症状が進むと、頭痛、嘔吐、食欲不振、筋肉のひきつりの発作、錯乱、幻聴などが生じ、やがては無反応状態や昏睡《こんすい》状態になり死にいたることもあります。

水分はたくさんとっているが、だるさや体調不良で水中毒かもしれないと疑ったら、まずは水分補給量を減らしてみましょう。さらには、真水の代わりに体液に近いスポーツドリンク（ハイポトニック飲料）や経口補水液を飲めば、水中毒を起こさないだけのナトリウムを摂取できます。

水分補給のタイミング

水分補給のもう1つのポイントは、そのタイミングです。

① 試合（練習）前……脱水症状のままで運動をはじめるとパフォーマンスが落ちます。

20～40分前に250～500㎖を補給します。前夜にアルコールを多量に飲むのは避けます。

② 試合（練習）中……運動をはじめた後も早い時期から可能な限りこまめに水分をとるようにします。気温や湿度によっても異なりますが、コップ1杯程度の水分を15～20分おきに飲むのが望ましいです。水分を一気に「ゴクゴク」と飲みたい気持ちは分かりますが、そうすると尿として排出されやすくなります。点滴と同じぐらいとまでいかないにしても、「チビチビ」とゆっくり飲むのが効果的です。

試合や練習が長引きそうなとき、激しい動きが多いときは、糖質の濃度が4～8％のスポーツドリンクでエネルギーを補給します。高温多湿で汗の量が多いときは、熱中症予防のために100㎖あたり40～80㎎のナトリウムを含んだスポーツドリンクがおすすめです。

温かいものより冷たいもののほうが吸収されやすいので、6～13℃ぐらいが適温です。6℃は冷蔵庫から出したとき、13℃は蛇口から出る水道水くらいの温度です。飲み過ぎには注意します。

また、マラソン選手がレース中に、水を含んだスポンジを絞って頭から水をかけていますが、飲むだけでなく、皮膚に直接水をかけるのも、熱を下げる効果があります。

③　試合（練習）後……体内で失われたエネルギーや水分を、スポーツドリンクや100%果汁ジュースなどでしっかり補います。もしできたら、試合（練習）の前後に体重を量っておくといいかもしれません。両方を比較して、試合（練習）後に体重が落ちていたら脱水していることが考えられますので、よりこまめな水分補給で体重を戻すことが大切です。

スポーツをする人にとって、水も重要な栄養素の1つと考えましょう。

Q　無理なく減量するために、食事で気をつけなければいけないことはなんですか？

A　減量といっても、ただ体重を減らせばいいというわけではありません。特にスポーツをする人が減らすのは体脂肪量で、同時に筋量まで減らしてしまってはパフォーマンスは低下します。減量中でも、たんぱく質はしっかり摂取、高脂肪の食品を低脂肪の食品に替える、体の調子を整えるビタミンやミネラル類が不足しないように野菜を多くとるといった食事法を心がけます。

柔道やレスリング、ボクシングなど体重別に階級が決められている競技の選手は、その範囲内の体重に収めなければ試合に出場できません。体重制限のない競技でも、パフォーマンスをより向上させることを目標にウエイトコントロールはよく行われ、苦闘する選手も少なくありません。

次ページの表は、競技種目別に、どのような目標でウエイトコントロールを行うと、どのようなパフォーマンスの変化が期待できるのかを示したものです。この表からも分かるように、増やしたり減らしたりしなければならないのは筋量や体脂肪量であって、体重はその結果として示されているものなのです。

ウエイトコントロールの目標と期待できるパフォーマンスの変化

目標	期待できる パフォーマンスの変化	競技種目の例
筋量の増加	瞬発力・筋力の増加	陸上短距離、 ボディービルなど
筋量の増加 体脂肪のやや減少	体格と瞬発力の増大 （対戦相手に対しての 体格的な有利）	柔道、相撲、 レスリングなどの コンタクトスポーツなど （特にエリートレベルにいく過程）
筋量の増加 体脂肪の減少	瞬発力・筋力の増加 （体重あたりの 発揮パワーの増加）	球技系、自転車、ボート、 レスリング、柔道など
体脂肪の減少	スピードの増加 （縦または横方向の 移動距離の改善）	陸上長距離、体操、 フィギュアスケート、 走り高跳びなど
体脂肪の増加	体格（体重）の増大	パワーリフティング、 相撲など

『エッセンシャルスポーツ栄養学』（市村出版）をもとに作成

ウエイトコントロールには、体重を減らす減量（ウエイトロス）と、体重を増やす増量（ウエイトゲイン）がありますが、まず、減量のための食事の基本から解説しましょう。

競技種目の特性によって異なりますが、より速く、より高く、より遠くを目指すためには、筋量を増やすか、その減少をできるだけ抑えつつ、体脂肪量を減らして重力や抵抗力の影響を極力小さくしなければなりません。

減量というと、ただ体重を減

らせばいいと思い込んでいる人がいるようですが、特にスポーツをする人にとっては減らすのは体脂肪量であって、同時に筋量まで減らしてしまっては元も子もありません。ここを間違えると、パフォーマンスは低下し、健康を害してしまうおそれすらあります。

市販の体組成計を使えば、体脂肪率（体脂肪量の体重に占める割合）、骨格筋率（骨格筋量の体重に占める割合）、内臓脂肪レベル（内臓脂肪の面積の大小）、皮下脂肪率（皮下脂肪量の体重に占める割合）といった身体組成や、基礎代謝（生命維持に必要なエネルギー消費量）まで推定でき、自分の体のおおよその状態を知ることができます。

くり返しになりますが、減量の目標は体脂肪量を減らすことですから、毎日決まった時間に体重だけでなく体脂肪率を測定し、その結果を記録し、いつでも変化を確認できるようにするとよいでしょう。

減量では、食事によって、エネルギー摂取量を減らすかエネルギー消費量を増やすか、またはその両方によって負のエネルギーバランスをつくり、それを維持することが求められます。絶食や過度の脱水などの過激な方法、あるいは数日から1週間といった短期間での減量は、パフォーマンスの低下や疲労感、体温調節機能の低下を招くことから、けっしてすすめられるものではありません。

エネルギー消費量が摂取量を上回るその差は1日あたり250～500kcalほどまでとして、必要な栄養素を不足させることなく3～6週間以上をかけて緩やかに行うのが望ましいとされています（国際オリンピック委員会のスポーツ栄養コンセンサス、アメリカスポーツ医学会等がつくる関連団体による公式見解）。

減量にはある程度時間がかかるため、試合期に行うことは避け、体重が大幅に増えないように年間を通じてウエイトコントロールを心がけたいところです。

食事や飲水の急速な制限による減量では、体水分、グリコーゲン（糖質）、グリコーゲンに結合する水分が失われ、脱水によって前出のようなリスクが高まります。減量の幅は体重の5～8％未満にとどめます。減量の幅が小さいほど、計量後試合開始までのコンディションの回復度合いは大きくなるからです。

減量にあたっての食事のポイントは、以下のとおりです。


〈糖質〉

最近、糖質を制限した減量法が話題になっていますが、筋肉を動かすエネルギー源である糖質を極端に制限することはエネルギー不足によるパフォーマンスの低下を招くために適した方法とはいえません。むしろ、運動量が多いスポーツ選手の場合は、減量中であっても、運動前に糖質を含んだ補食を摂取して運動中の糖質不足を回避することがすすめられています。糖質の摂取を減らしたいのであれば、運動とは直接関係のないタイミングで間食としてとっている、糖質を含んだ菓子類や飲料を制限したほうがいいでしょう。

〈たんぱく質〉

筋肉や血液など体の組織や細胞をつくり、体の調子を整えるたんぱく質は、減量中でもしっかり摂取するようにします。高たんぱく質の食事をしながら筋トレをすれば、体脂肪を除いた除脂肪体重が増加します。減量中の1日の適正摂取量は、体重1kgあたり1・6〜2・4gですが、エネルギー制限が大きく減量のペースが速い場合には多めにします。

〈脂質〉

脂質（中性脂肪、リン脂質、コレステロール）は、とりすぎれば皮下脂肪や内臓脂肪が蓄積して、肥満や脂質異常症につながるため、減量といえば低脂肪食で、脂質の摂取量を減らすのが定番となっています。

しかし、脂質は細胞膜の構成成分であり、ホルモンの材料にもなり、さらには低強度の運動ではパフォーマンスを維持するエネルギー源としても有効です。1日の総エネルギー摂取量が2000〜3000kcalの場合の適量は1日50〜80g、1日の総エネルギーの25%程度が目安とされていますが、長期にわたって過度に減らすのはかえって問題です。特に、油脂の摂取を極端に制限すると、油と一緒に摂取すると吸収率が上がる脂溶性ビタミン（ビタミンA、ビタミンD、ビタミンE、ビタミンK）や、体内で合成できないため食事からしか摂取できない必須脂肪酸（リノール酸、α-リノレン酸）の摂取量が大きく減ってしまいます。

脂質を極端に制限すれば食事全体のバランスが崩れてストレスもたまり、減量のモチベーションも下がってしまいます。したがって、脂質をいっさいとらないようにするのではなく、高脂肪の食品を低脂肪の食品に替えたり、油を使わない調理法を取り入れたりする工夫も必要でしょう。

〈ビタミン・ミネラル類〉

減量時には、糖質、脂質、たんぱく質の代謝を助けるビタミンやミネラル類が不足しないように野菜を多くとって満腹感を得るように心がけます。

ビタミンB_1、B_2、B_6は、それぞれ糖質、脂質、たんぱく質から体内でエネルギーをつくり出す（代謝）ときの調整役として重要な役割をしています。また、ビタミンCは、鉄（非ヘム鉄）の吸収や抗酸化作用に関わり、コラーゲンの生成にも役立ちます。さらに、ビタミンDは、カルシウムやリンの吸収を促進します。

また、筋肉の機能を正常に保つナトリウム、カルシウム、カリウム、筋肉の収縮に関係するリン、体内でのエネルギー産生に役立つ鉄、たんぱく質や核酸の合成に役立つ亜鉛などのミネラル類も、毎日の食事できちんと摂取するようにしましょう。

ところで最近、低糖質・高脂質（脂肪）の食事が、ダイエットに用いられています。「高脂質なのにダイエット？」と疑問に思われるかもしれませんが、高脂肪食は筋肉の持久力に関連するミトコンドリアを増やす効果があることから、持久力を必要とするアスリートから注目されています。

さらに、血中のケトン体（アセトン、アセト酢酸、β-ヒドロキシ酪酸）の濃度が高まる「ケトン食」に関する研究も進められています。低糖質・高脂肪の食事によって、糖質の摂取を極端に減らし、代わりに多く摂取した生体内の脂肪が分解されて生じるケトン体をエネルギー源として使おうというものです。

しかし、ヒトを対象にした研究では、明確な抗疲労効果やパフォーマンス向上効果は認められていませんので、減量のためにケトン食を安易に導入するのはすすめられません。

過酷な減量中のボクサーの食事は

強くなるために体重を増やさなければいけない力士とは対照的に、試合を前に過酷な減量を強いられるのがボクサーです。

プロボクシングには、体重が47・62kg以下のミニマム級から90・72kg超のヘビー級まで17の階級があります。階級が1つ違うだけでパンチの威力が数段違うといわれ、軽量級と重量級の選手が試合をするのは命にも関わることなのでありえません。

　体重はそれほど重要な要素であるために、試合の前日には必ず計量が行われます。制限体重を1gでもオーバーすると2時間後に再計量となります。それでも体重が落ちなければその試合は中止になったり、中止にはならなくとも出場資格の停止などのペナルティが課せられます。減量の失敗は絶対に許されず、計量の数日前から絶食したり、計量の24時間前からサウナ風呂で汗をかいて水分を抜いたりと、選手も必死なのです。

　ボクサーは減量の幅をできるだけ小さくするために、ふだんから体重の管理はしていますが、ほとんどの選手が、試合の1か月ほど前から計量の日まで急速減量に入ります。

「なぜ、減量するのか。通常体重の階級に上げて戦えば、無理して減量する必要もないのに」とだれもが思いがちですが、体重が重い（体格が大きく、筋量も多い）ほうが、くりだすパンチの力も、相手のパンチを防御する耐性も強いからです。

　例えば、フライ級（体重50・80kg以下）の試合で、通常体重が55kgで5kg減量したA選手と、通常体重が50kg以下で減量しなかったB選手が対戦した場合、A選手のほうが有利なのです。なぜなら、公平性を欠きますが、A選手は計量にパスした後に食事で体重の回復ができ、リング上ではB選手の体重を上回ることができるからです。

減量中の食事メニューは、高たんぱく質・低脂肪が基本です。選手によってさまざまですが、肉はおもに鶏のささ身や胸肉、そして豆腐、納豆、豆乳などの豆類、卵、メカブやモズクなどの海藻類、野菜サラダなどをメインに、エネルギー補給のために、ごく少量のごはんやパスタなどで糖質をとります。トレーニングによって減った分がリバウンドしないように食事の量を減らしていくと体重も減りにくくなり、その分食べる量も減ってきます。水分も体重増につながるので、のどが渇いても何も飲まず、うがいで凌《しの》ぐほどです。

こうして、過酷な減量を経て計量をパスした後、翌日の試合までの食事の目的は、たんぱく質と糖質の摂取による体重の回復とエネルギーの補給、脱水症状を改善するための水分補給です。そのために好まれるのが、鶏肉・野菜・卵・米を使った雑炊や、親子丼などの丼物ですが、いずれにしても、巨大なステーキといった消化の悪いものは口にしないのが原則のようです。

Q　無理なく体重を増やす食事のむずかしさはどこにありますか?

A　増量は、ただ体重を増やすのではなく、体脂肪量の増加を抑えながら半年から1年かけて筋量を増加させるのが目的です。筋量を増やすには、1日あたり500〜1000kcalのエネルギー摂取量の付加が必要で、体脂肪量が増えない程度に脂質を抑えた、糖質やたんぱく質が豊富な食品の摂取が推奨されています。代謝に効果的なビタミンB_1やビタミンC、ミネラル類も重要な栄養素です。

減量の項でもふれましたが、エネルギー摂取量が消費量を上回る状態が続けば、体重(筋肉を中心とした体たんぱく質と体脂肪量)は増加します。たとえば、エネルギー摂取量と消費量の差が1日あたり100kcalとすると、1年間で3万6500kcalのエネルギーが蓄積されます。すべてのエネルギーがたんぱく質として筋肉などに蓄積されればいいのですが、実際にはそのようなことは期待できず、多くの過剰に蓄積されたエネルギーは体脂肪となってしまいます。そして、すべてのエネルギーが体脂肪として蓄積されれば約5kg増加する計算になります。

しかし、現実にはそう簡単に計算どおりというわけにはいかず、体格、代謝的な適応、基礎代謝量の変化、食欲などについても把握しながらエネルギーバランスを調整する必要があります。

なぜ増量したいのか、その理由は、競技種目やそのポジションによっては、体格が大きいほうが試合で有利と考えられるからです。

実際には、身体組成に着目せずにただ体重を増やすことだけを目標に指導されているケースも見受けられます。過食や間食を続け、脂質の摂取過多による栄養バランスの乱れ、サプリメントの多量摂取などによって、わずか1年で10〜15kg程度増量した結果、体脂肪量や内臓脂肪面積の増加が著しく、メタボリックシンドロームの診断基準を上回ったという事例も報告されています。アスリートといえども、無謀な増量は、間違いなく健康リスクを高めることを理解しておく必要があります。

増量は、ただ体重を増やすのではなく、体脂肪量の増加を抑えながら筋量を増加させるのが目的です。そのために、体重とともに身体組成の変化も忘れずにモニタリング（計測した値の変動を確認する）し、そのデータを食事・栄養摂取に適切に反映させなければいけません。

増量は、いつまでにどれだけの量を増やすのかという目標を設定して、半年から1年かけて長期に行うのが一般的です。たとえば、体脂肪量は変えずに1週間で0・2〜0・3kgの体重増を目標とし、エネルギー摂取量を1日あたり500〜700㎉増やした場合、8週間程度で除脂肪量が2・7kg（3・2％）増加したという事例があります。急激な増量は、除脂肪量よりも体脂肪量を増やす可能性が高いので注意しましょう。

筋量を増やすためには、1日あたり500〜1000㎉のエネルギー付加が適切であり、たんぱく質や糖質が豊富な食品の摂取が推奨されています（国際オリンピック委員会のスポーツ栄養コンセンサス）。

増量のためには、エネルギー摂取量の付加だけでなく、三大栄養素の摂取バランスも忘れてはいけません。

〈たんぱく質〉

筋肉づくりに欠かせない栄養素は、今ではだれもが知っている、主菜に多く含まれているたんぱく質です。

練習期では、エネルギー摂取量が十分であれば、1日に体重1kgあたり1・2〜2・0g程度の摂取が推奨されていますが、筋量を増やすには、たんぱく質合成量が分解量を上回る必要があります。そのために、練習の直後に、体重1kgあたり0・5g程度のたんぱく質と、体重1kgあたり1〜1・2g程度の糖質を同時にとると、体たんぱく合成にとってより有利になることが報告されています。

〈糖質〉

骨格筋をつくるためには日々のトレーニングが必要で、骨格筋を動かすエネルギー源となる筋グリコーゲンのレベルを維持するには、糖質を多く含む主食の摂取が大切です。

摂取の目安としては、1日1時間程度の中等度トレーニングを行う場合は体重1kgあたり5〜7g、1日1〜3時間の中〜高強度トレーニングを行う場合は6〜10gの摂取が推奨されています。しかし、糖質のとりすぎは脂肪の蓄積につながる可能性があるために、

10gは超えないほうがいいでしょう。

また、筋グリコーゲン合成のためには、運動終了後30分以内に、体重1kgあたり0・1～0・4gの糖質を摂取することが推奨されています。

運動や練習後すみやかにというのがポイントですから、簡単に口にすることができる補食を持参しておくとよいでしょう。

〈脂質〉

日本人の日常的な脂質の総エネルギー摂取量あたりの比率は低いため、増量の期間中でも、平均的なエネルギー比率は30％以下が適していると考えられます。脂質のエネルギー比率が30％を超えてしまうと、骨格筋量より体脂肪量が増える可能性があります。

1日のエネルギーや栄養素の摂取量を増加させるには、1日3食の各食事量を無理やり増やすよりも、3食の間におにぎりやパンなどの補食をはさんで摂取するほうが、スポーツをする人にとっては実践しやすいかもしれません。

〈ビタミン・ミネラル類〉

増量にあたっても、減量時と同様に、代謝に効果的なビタミンB_1やビタミンC、ミネラル類も忘れてはならない重要な微量栄養素です。それらを多く含む副菜をしっかりとりましょう。

力士は1日2食でなぜ太るのか

強くなるためには体重を増やさなくてはいけないといえば、真っ先に思い浮かぶのが相撲の世界です。小兵が巨漢を倒すという観戦の醍醐《だいご》味《み》もありますが、力士にとってはやはり、体重が重いほうが有利なのは間違いありません。

大相撲では、入門にあたって新弟子検査に合格するには、身長167㎝以上、体重67kg以上という基準をクリアしなければなりません。そこから関取になることを目指し、平均体重160kg超、最重量は200kgの逸ノ城《いちのじょう》、最軽量でも98kgの炎鵬《えんほう》（2021年三月場所時点）が活躍する関取になり、さらに幕内、三役そして大関、横綱にまで上り詰めるために、激しい稽古と食事による体重増という並大抵ではない精進を日々積み重ねていくことになります。ちなみに、横綱・白鵬関の入門時の体重は、70kgに満たなかったそうです。

相撲部屋の1日のスケジュールは、新弟子の場合、午前6時に起床、午前6時半から稽古開始、午前11時に入浴、午後0時昼食、午後2時昼寝・休憩、午後4時掃除・トレーニング、午後6時夕食、午後9時半門限・消灯と、どの部屋もおおむね決まっています（公益財団法人日本相撲協会ウェブサイト）。

これを見ると、食事は1日2回の習慣が定着しているのが分かります。よく耳にする「ちゃんこ」は、部屋で力士がつくって食べる料理の総称で、昼食は「昼ちゃんこ」、夕食は「夜ちゃんこ」と呼ばれ、部屋によって味付けに工夫をこらした「ちゃんこ鍋」はよく知られています。

トップアスリートにとって基本的な食事内容は、「高たんぱく質・高糖質（高炭水化物）・低脂肪＋豊富なビタミン・ミネラル」といわれますが、ちゃんこ鍋は理にかなっています。肉（主に鶏肉）、魚介類、野菜、豆腐、きのこ類をふんだんに使い、高たんぱく質・低脂肪でとてもヘルシーです。しかしながら、カロリーはそれほど高くなく、力士の1日のエネルギー摂取量をまかなうには十分ではありません。

そこで、力士がちゃんこ鍋といっしょに欠かさず食べるのが、高糖質・低脂肪のごはん（白米）です。ごはん茶碗《ぢゃわん》では間に合わず、どんぶりで2杯、3杯とおかわりする力士もざらで、部屋のコメの消費量は半端ではありません。

食べ過ぎても、厳しい稽古で消費され、ちゃんこ鍋もごはんも低脂肪ですから、太るといっても体脂肪が蓄積する肥満ではなく、筋肉の増強がともなった過体重（BMIが25・0以上30・0未満）であり、体脂肪率が10％台という力士もいます。

ちゃんこ鍋は主に昼に食べるもので、夕食は必ずごはんを主食に、焼き肉、ステーキ、カレー、ハンバーグ、ローストチキン、オムレツ、焼き魚など、量は別として一般の人と変わりません。日中の間食や夜食にラーメンやおにぎり、サンドイッチを食べることもあり、昼食時には水の代わりにビールを飲む力士もいます。ただし、炒め物や揚げ物など油を使って調理されたメニューはできるだけ避けるようにしているようです。

増量に役立つのは、こうした食事の内容だけでありません。朝は原則何も食べずに稽古してエネルギーを消費し、かなり空腹になればそれだけ食欲も増すために、昼食ではドカ食いができます。また、昼食後に必ず昼寝をする（体を横たえる）ことによって、大量に摂取したエネルギーを効率よく蓄えることにもつながります。

一般の人が、このような特殊な食生活習慣を取り入れることはできないにしても、体重を増やすためのヒントにはなります。ちゃんこ鍋にならって、多彩な具材を使ったヘルシー鍋でたんぱく質を、ごはん、餅、うどん、パスタなどで糖質（炭水化物）をしっかりとり、できるだけ脂肪は控える食事を取り入れてみてはいかがでしょう。

Q　スタミナをつけるには、どのような食事が好ましいですか？

A　スタミナ不足は、糖質の不足によるエネルギー源の不足が原因で生じます。糖質に加えてビタミンやミネラル類をしっかりとれば、体脂肪が減って動きやすくなり、筋グリコーゲンが増えてパワーがつく理想的なかたちでスタミナがつきます。

スタミナ（stamina）とは、「持久力、体力、精力」「肉体的な耐久力」「持ちこたえられミナは十分にある」「スタミナが不足する」などの言い方がよくされます。

マラソンのレース中盤まで快調に走って優勝をねらえる勢いだった選手が、徐々に遅れて先頭集団から脱落してしまう光景を、私たちは何度も見ています。

はたして、その選手になにが起こったのでしょうか。

さまざまな理由が考えられますが、はっきりいえるのは「スタミナ切れ」です。42・195㎞を走り切るだけのエネルギーを持ち合わせていなかったか、あるいはレース途中でのペースアップやハイペースに巻き込まれてエネルギー不足を招いてしまったのでしょう。

もし、レースの後半で、筋肉を動かすエネルギー源である糖質を、給水ポイントで摂取できていれば、結果は少し違っていたかもしれません。実際に、後半の重要なタイミングでドリンク補給をしくじったために、勝てるレースも勝てずに悔しい思いをしたという選手の証言も聞こえてきます。

こうしたスタミナ不足は、糖質の不足によるエネルギー源の不足が原因で生じます。私たちの体が動くのは筋肉が収縮するからで、そのときにエネルギーとして使われる物質が

ATP（アデノシン三リン酸）です。このエネルギー源物質をつくり出す主たる原料となるのが糖質（グリコーゲン）だからです。

しかし、筋肉内に貯蔵されているATPの量はごくわずかで、食事によってしっかり糖質をとって筋グリコーゲンを貯蔵しておかないと、ATPの円滑な再合成ができなくなってしまうのです。

ごはん、麺類、パンなど主食として摂取する糖質に加えて、副菜としてビタミンやミネラル類をしっかりとる食事に改善すれば、体脂肪が減って動きやすくなり、筋グリコーゲンが増えてパワーがつくという理想的なかたちでスタミナ不足が解消できます。

Q　朝食をしっかりとる時間がないときはどうしたらいいですか？

A　朝食には、寝ている間に低下する体温を上げ、体と脳にエネルギーを補給する役割があります。朝食に消化吸収のよいものを選べば、すみやかに活動のエネルギーになり、

練習や運動のパフォーマンス向上にもつながります。

朝は出かけるギリギリまで寝ていたいのはやまやまですが、それで、ついつい寝坊して、朝食をとらずにあわてて家を飛び出すのが日常茶飯事という人を多く見かけます。

朝食には、寝ている間に約1℃低下するといわれる体温を上げ、体と脳にエネルギーを補給する役割があります。体温を上げるたんぱく質、血糖値を上げるグルコースやグリコーゲンのもとになる糖質、エネルギーのもとになる脂質、それらを効率よく代謝させるビタミン・ミネラル、寝ている間の発汗によって不足した水分を補給し、体を目覚めさせるのが目的です。

朝食に消化吸収のよいものを選べば、すみやかに活動のエネルギーになり、集中力が高まり、練習や運動のパフォーマンス向上にもつながります。ですから、いくら時間がないからといって、特にスポーツをする人が朝食を抜くのはもってのほかといわざるをえません。時間がないときでも、簡単につくれるお助けメニューとしておすすめしたいのは、シリアル、スープ、ドリンクの3つです。

シリアルは、穀類を加工して、そのままか、簡単な調理で食べられるようにしたものです。精白した燕麦《えんばく》を乾燥し、焙煎《ばいせん》してひき割りにしたオートミールや、トウモロコシのひき割りを加熱してから乾燥させ、ローラーで薄くつぶしてからオーブンで焼きあげたコーンフレークなどが知られています。

いずれも、穀物をアルファー化（デンプンが水と過熱によって糊《のり》状になること。糊化《こか》。炊きたてのごはんの状態）したものなので消化がよく、体を動かすためのエネルギーになりやすいのが特徴です。

糖質、ビタミンを多く含むシリアルに、鉄を多く含むプルーンとカリウムを多く含むバナナを加え、たんぱく質やカルシウムを多く含む牛乳を注いで混ぜるだけで強力な朝食になります。

ミネストローネは、ハムやベーコン、そしてトマト、セロリ、ニンジンなどの野菜が入った、イタリアの具だくさんのスープです。そこにごはんやパスタを入れて好みでパルメザンチーズをふれば、糖質、たんぱく質、ビタミンが補給できます。料理をする人はふだんからつくり置いたものを小分けにして、料理をしない人は市販のレトルトを買い置きして活用するといいかもしれません。

手づくりのドリンク（ジュース）を飲むのもいいでしょう。ドリンク1杯で朝食1食分の栄養素は補給できませんが、新鮮な野菜や果物、牛乳・乳製品を使えば、ある程度の栄養素は摂取できます。

小松菜やクレソンといった野菜にヨーグルトを加えたベジヨーグルトドリンク、ニンジンにマーマレードを加えたキャロットジュース、牛乳とバナナに練り白ゴマを加えたバナナゴマジュースなどなど、ミキサーにかける時間もないのでしたら、果実酢を水で薄めるだけのビネガードリンクなど、自分でいろいろ工夫ができます。

ミキサーやブレンダーにかける時間はできるだけ短くして、つくったらすぐに飲むのがポイントです。自分でつくるのが面倒でしたら、市販の野菜ジュースでもかまいません。なにもおなかに入れないよりは、ずっとマシです。

Q　外食でも栄養のバランスがとりやすい工夫はできますか？

A　多くの外食メニューは、高脂質・低ビタミン・低ミネラルで、野菜や乳製品が不足しがちです。スポーツをする人にとっては大敵の過体重を招きます。しかし、多くの人は外食をすべてやめてしまうわけにはいきません。そこで、栄養のバランスをとりやすくするために、プラス1品を心がけ、できるだけ和食にするなどのメニュー選びを工夫してみましょう。

私たちが毎日食事をする形式は、家庭で食材を料理して食べる「内食《ないしょく》」、レストランや飲食店、社食や学食、ファストフード店など家庭の外で食事をする「外食」、そして総菜やコンビニ弁当など外部の人の手によって調理されたものを買ってきて自宅や職場などで食べる「中食《なかしょく》」のいずれかです。

そのうち、「外食」は、手軽に利用でき、バリエーションが豊富なので工夫次第でバランスがとりやすい反面、ごはんの量が多い、動物性たんぱく質に偏っている、揚げ物など油を使ったおかずが多い、カロリーが高く、糖質やたんぱく質以外の栄養素（ビタミンやミネラル）が少なめなのが特徴で、スポーツをする人の健康を考えたら、練習や試合に備える食事内容とはいえません。

それでも、ほとんどの勤労者や学生は、特に昼食は外食せざるをえませんので、栄養のバランスを考えてメニュー選びを工夫してみてはいかがでしょう。

①「プラス1品」を心がける

仕出し店やコンビニで買い求めるのは、から揚げやハンバーグなどの単品弁当、おにぎりとペットボトルのお茶、菓子パンと牛乳といった単純な組み合わせでしょう。あるいは、お店に入って丼物や麺類を早食いしたりして、おなかを満たしてはいないでしょうか。

そのような単品で済ませるメニューではなく、たとえば、カップラーメンにはカット野菜を、おにぎりや丼物にはきんぴらごぼうや切り干し大根などのお総菜を、サンドイッチには野菜サラダと牛乳を、そばやうどんにはツナと卵のサラダを、パスタにはゆで卵とデザートのヨーグルトをプラスして、おかず（副菜）を増やしてみてはいかがでしょう。もちろん、胃がもたれない消化吸収のよいものを選びたいものです。

② できるだけ和食を選ぶ

外食でおすすめしたいのが、和食です。和食は、低脂肪のバランス食だからです。

お店では、刺身定食、焼き魚・煮魚定食、しょうが焼き定食、天ぷら定食、トンカツ定食といったように定食メニューがおすすめです。ごはん（主食）、メインのおかず（主菜）、サブのおかず（副菜）、みそ汁（汁物）、香の物（漬物）がセットになっているので、残さないようにすればおのずと栄養バランスがとりやすくなるからです。

カツ丼や天丼といった丼物は、単品ではごはん（主食）とおかず（主菜）しかとれず、野菜が不足してしまいます。そこで、副菜として、ひじき煮、筑前煮《ちくぜんに》などの煮物、ホウレンソウのおひたしなどの小鉢と、みそ汁やお吸い物をプラスします。

また、うどんやそばなどの麺類だけでは、主菜や副菜が不足しがちで、エネルギー（糖質）の補給のみになってしまいます。もりやかけといったシンプルなものではなく、野菜や海藻などの具が入ったメニューを選ぶこと、卵などのたんぱく源となるものをトッピングすること、野菜の煮物やおひたしを副菜として注文することなどを心がけるといいでしょう。

お弁当にするなら、和風の幕の内弁当がおすすめです。お弁当は、ごはんもしっかり入っているので、糖質は十分に確保できますが、から揚げ弁当、カルビ弁当、ハンバーグ弁当、酢豚弁当といったように油を使って調理した主菜が多いので高脂肪・高エネルギー（カロリー）に、さらに野菜が少ないので低ビタミン・低ミネラルになりがちです。

最近では、緑黄色野菜の量を増やしたり、白飯だけでなく麦飯や雑穀飯を選べたり、肉と魚の主菜のバリエーションも増えたりと、健康を意識したメニューも増えています。

しかし、これでも栄養のバランスは十分とはいえず、特に野菜や海藻類は意識してとる必要があります。お弁当とは別に、ビタミン、ミネラルが豊富に含まれている野菜がメインのおかず総菜を選びましょう。肉じゃが、筑前煮、きんぴらごぼう、ポテトサラダ、ゴボウサラダ、ひじき煮、卯《う》の花、切り干し大根、煮豆、ホウレンソウのゴマ和《あ》え、白和えなど、種類は豊富です。サラダは、緑黄色野菜がたくさん入っているかを確認し、ドレッシングやマヨネーズはかけすぎないように注意します。飲み物も牛乳、野菜ジュース、1

00%果汁ジュース、スープ類を選べば、不足しがちなビタミンやミネラルを補うことができます。

ただし、和食では、塩分のとりすぎに注意しましょう。

③ 洋食・中華はメニュー選びで脂質を控える

洋食も中華料理も、調理に油やバターを使うものが多く、スポーツをする人にとっては大敵の過体重を招く高エネルギー・高脂肪になりがちです。しかし、いずれもメニュー選びの工夫はできます。

洋食レストランでは、肉や魚を使ったメニューのバリエーションが豊富ですが、たとえば、主菜として肉を選ぶ場合でも、部位によってエネルギーと脂質、たんぱく質の量は違うことを覚えておくといいでしょう（次ページの表）。

どうしてもエネルギーや脂質の量を控え、よりたんぱく質をとりたいのであれば、牛肉や豚肉はロース肉よりもヒレ肉を、鶏肉はささ身を選ぶようにします。

また、主菜にかかっているソースや、副菜の野菜サラダにかけるドレッシングやマヨネーズにも油が使われ、主食をパンにするとバターをつけるので、どうしてもエネルギーが高くなります。ごはん150gのエネルギーは234kcalですが、パンにバターとジャムをつけると281kcal、脂質は10・8gに増えてしまいます。

肉の部位別
エネルギー・脂肪・たんぱく質の量

部位	エネルギー	脂質	たんぱく質
〈輸入牛肉〉			
かたロース（脂身付き・生）	221	17.4	17.9
サーロイン（脂身付き・生）	273	23.7	17.4
もも（脂身付き・生）	148	8.6	19.6
ヒレ（赤肉・生）	123	4.8	20.5
ひき（生）	251	21.1	17.1
〈豚肉（大型種）〉			
ロース（脂身付き・生）	248	19.2	19.3
ばら（脂身付き・生）	366	35.4	14.4
もも（脂身付き・生）	171	10.2	20.5
ヒレ（赤肉・生）	118	3.7	22.2
ひき肉（生）	209	17.2	17.7
〈鶏肉（若鶏）〉			
手羽（皮付き・生）	189	14.3	17.8
むね（皮付き・生）	133	5.9	21.3
もも（皮付き・生）	190	14.2	16.6
ささ身（生）	98	0.8	23.9
ひき肉（生）	171	12.0	17.5
鶏卵（全卵・生）	142	10.2	12.2

※単位：エネルギーはkcal、脂質とたんぱく質の量はg/100gあたり
『日本食品標準成分表2020年版（八訂）』（文部科学省）をもとに作成

主菜にソースをかけないわけにはいきませんが、副菜の野菜サラダにかけるドレッシングはノンオイルのものにするか、かける量を少なくしてほしいとお願いすることはできるでしょう。

スパゲティやグラタンを単品で頼むと、糖質以外の栄養素が不足しがちですが、卵や魚介類のスープでたんぱく質を補うことができます。ビタミンやミネラルの不足は、サラダバーで好きなだけ食べて補いましょう。食後に牛乳やヨーグルトなどの乳製品、100%果汁ジュースをプラスすれば、ビタミンやカルシウムを補うことができます。

中華料理も、高脂肪・高エネルギーになりがちですが、レバニラ炒めや肉野菜炒め、回《ホイ》鍋肉《コーローー》、八宝菜といったように、主菜の肉や魚と、副菜の野菜類が一緒になったメニューが多くあり、たんぱく質とビタミン、ミネラルがたっぷりとれるというメリットがあります。

そこに、主食であるごはんをプラスし、食後には牛乳や乳製品をとると、栄養のバランスがさらによくなります。

チャーハンやラーメンといった主食だけでは主菜や副菜が不足するので、野菜炒めなどをプラス。ラーメンではなくタンメンや五目そば、チャーハンではなく中華丼といった具だくさんのものを選ぶのも効率的です。餃子《ギョーザ》や春巻きなど豊富なサイドメニューを副菜としてとれば、単品では不足しがちなたんぱく質、ビタミン、ミネラルなどが補えます。脂質が気になるようでしたら、中華風の茹で料理や蒸し料理にしてみてはいかがでしょう。

④　ファストフードだけで1食済ませない

ファストフードは、注文したらすぐに食べられて、持ち帰りもできる食品を指します。経済産業省の『商業統計』によると、客単価が700円未満、料理を提供する時間が3分未満、セルフ・サービス方式を導入しているのが特徴です。

2019年の外食産業全体の売上が5年連続で前年を上回ったのは、好調なファストフードが牽引《けんいん》したといわれています（『外食産業市場動向調査　令和元年［2019年］年間結果報告』一般社団法人日本フードサービス協会、令和2年1月27日）。

ハンバーガー、フライドチキン、牛丼、立ち食いそば・うどん、ピザ、アイスクリームなどを出す店がその代表例で、多くの顧客の心をつかんでいます。

人工香料や着色料、トランス脂肪酸などの人工添加物の使用をやめ、代替品として天然素材由来のものに切り替えるなど、健康を意識したメニューも登場しています。

それでもまだ、脂質、糖質、塩分の過剰摂取やビタミン・ミネラル不足につながりやすいのはたしかで、メニュー選びには工夫が必要です。

ハンバーガーショップでは、ハンバーガー＋フライドポテト＋ソフトドリンクのセットメニューがありますが、この組み合わせではどうしても高脂肪・高糖質で高エネルギーになってしまいますので、少し工夫をしてみましょう。

たとえば、チキンフィレバーガーはチーズバーガーにする、フライドポテトをやめてスープ（ミネストローネ）や野菜サラダにする、飲み物もシェイクやソフトドリンク、低果汁のジュースではなく牛乳、１００％果汁ジュースにすれば、エネルギーを大幅に減らし、ビタミン・ミネラルをとることができます。

「特定保健用食品（トクホ）」と表示されたドリンクも、体脂肪を減らす、脂肪の吸収を抑えるものであって、脂肪のとりすぎを帳消しにするものではありません。脂肪を抑えたメニュー選びが必要です。

ファストフードには、カップ麺などインスタントの加工食品という意味も含まれます。

どこでも安く買えて、調理も簡単ですが、手軽さに甘えてこうした食品を長く食べ続けると、栄養のバランスは大きく崩れてしまいます。インスタント食品には、骨の成分であるリンが添加物として含まれていますが、過剰に摂取すると、かえってカルシウムの吸収を阻害してしまいます。ファストフードは、それだけで1食分にするのではなく、次項でふれる補食としての役割をもたせるようにしてはいかがでしょうか。

Q　スポーツをする人が「間食」してもかまわないのですか?

A　間食というと、ただ空腹を満たすためのものというイメージがあります。しかし、足りないエネルギーや栄養素を補う補食という意味で、3食の間に消化にいいものを口にするのでしたら、スポーツする人にとっても間食はご法度ではありません。補食として、栄養補助食品を利用するアスリートも多くいます。

年齢や体重その他の条件によって異なりますが、運動の量によって消費するエネルギーは変わってきます。たとえば、身長１７０㎝、体重62kgの20代の男性が1時間水泳の練習をすると、およそ６４０㎉のエネルギーを消費します。

もし、空腹の状態で練習をはじめたら、筋肉や肝臓に貯蔵されているグリコーゲンがエネルギー源として使われ、急激にエネルギー不足が生じて血糖値が下がります。すると、集中力が切れ、ケガや体調不良の原因になりとても危険です。

練習前のちょっとした時間に、コンビニで手軽に買えるものでかまいませんから、必ず口に入れましょう。

補食として必要なのは、〝糖質のグループ〟と〝ビタミン・ミネラルのグループ〟です。そのどちらかに偏ることなく組み合わせれば、より効率よくエネルギーに変えることができます。

糖質は、運動をするときのエネルギー源で、持久力や集中力を高めるのに欠かせません。おにぎり、サンドイッチ、あんぱん、バナナ、ミニうどんなどは、コンビニで簡単に手に入ります。消化のいいものを選びます。

補食として必要な2つのグループ

<糖質のグループ>	
ごはん1杯150g	234kcal
バナナ1本	78kcal
肉まん1個100g	242kcal
カステラ2切100g	312kcal
いなり寿司2個	237kcal
せんべい2枚	147kcal

<ビタミン・ミネラルのグループ>	
牛乳200ml	122kcal
チーズ1切25g	78kcal
加糖ヨーグルト100g	65kcal
グレープフルーツ1/2個(100gで試算)	38kcal
野菜ジュース1杯200cc	34kcal
オレンジジュース1杯200cc	92kcal

ビタミン・ミネラルを摂取するために、補食として牛乳、ヨーグルト、野菜ジュース、オレンジジュースを飲めば、水分補給も兼ねますから、運動の前後に適しています。

ゼリー状や固形のものを含めて、たんぱく質、糖質、脂質、ビタミン・ミネラルがバランスよくとれる栄養補助食品を補食として利用するアスリートも多くいます。手軽にとれて、消化吸収が速く、即エネルギーになるのでおすすめです。

アスリートが競技中にバナナを食べる理由

テレビ中継で、ジョコビッチやフェデラー、ナダル、錦織《にしこり》圭《けい》、シャラポワや大坂なおみなど、世界トップクラスのプロテニス選手が、コートチェンジの時にベンチでバナナを口にしている姿をよく目にします。テニス以外に、プロ野球選手やプロゴルファー、自転車ロード選手にもいるようです。

では、アスリートが競技の途中に、バナナを食べる理由は、どこにあるのでしょうか。バナナは消化もよく、皮をむくだけで口に入ります。含まれるエネルギーも78kcal（可食部84gあたり。中くらいのバナナは約140g）と、他の果実類と比べて多く含まれています。

さらに、バナナには糖質（炭水化物）、カリウムに加えて、ビタミンB_6が0・38mgと豊富です。糖質は筋肉を動かすエネルギー源であり、カリウムは筋肉の機能低下やけいれんを予防します。ビタミンB_6は、筋肉をつくるのに欠かせないたんぱく質をアミノ酸から再合成したり、神経伝達物質であるドーパミンなど生理活性アミンの合成にとっても重要な働きを助ける補酵素です。

ですから、数時間という長丁場の競技で激しい動きを続ける選手が、試合中に補食としてバナナを食べるのは意味のあることなのです。

プロのアスリートでなくても、試合の30分〜1時間前にバナナを食べるとエネルギー補給につながります。茶色の斑点（シュガースポット）がある熟しきったものはカリウムやビタミンが失われていることがあるので、ほどよく熟して皮がむきやすい黄色いものを選びましょう。試合のある日は常に、1本ずつ会場に持っていくといいでしょう。

バナナ以外にも、一口サイズのカットフルーツ（オレンジ、パイナップル、キウイフルーツ、ブドウなど）も、発汗によって失いやすい水分とビタミンCの補給におすすめです。

Q　飲酒はスポーツをする人にどのような影響がありますか？

A　アルコールには、ストレスの解消や人間関係を円滑にするメリットもありますが、注意すべきデメリットもあります。好きなだけ酒を飲むことと運動のパフォーマンスを上げることは両立しません。飲むにしても、体への影響を軽減させる飲み方が求められます。

運動で汗を流した後のビールの味は、特別おいしく感じるものです。中には、その醍醐味を味わいたいがためにスポーツをすると公言する人もいて、酒好きにとってこの瞬間はどうにもたまらないようです。しかし、スポーツをする人にとって、飲酒はいくつかの理由で注意が必要です。

①　栄養バランスが悪くなる（栄養の吸収阻害）

飲酒をともなう食事は、往々にして栄養のバランスが偏りがちになります。お酒がまずくなるからと食事らしい食事もとらず、おつまみすら口にしない空酒の人もいて、栄養の摂取不足につながります。

加えて、アルコールには、ビタミンB_1、ビタミンB_{12}、葉酸、亜鉛など、スポーツをする人には欠かせないビタミン・ミネラルの吸収を妨げる働きがあり、栄養素の吸収阻害につながります。特にビタミンB_1はアルコールの代謝に必要とされるので、アルコールによる吸収阻害と、アルコールの分解で消費されてしまい、二重の意味で不足してしまいます。その結果招くのは、体力の低下です。多量の飲酒習慣によって、ビタミンB_1欠乏による脚《かっ》気《け》を引き起こす場合もあります。

運動後は体力の回復に努めなければいけませんが、飲酒によってアルコールの分解作業が必要になると、肝臓をはじめとして内臓により負担がかかり、筋肉の再生に必要なエネルギー（筋グリコーゲン）が不足してしまいます。アルコールは、このグリコーゲンの増加を抑制してしまうので、疲労回復の遅れにもつながります。

② 筋トレの効果が減少する

運動後のアルコールの摂取によって、たんぱく質の合成を促進し筋肉の成長に欠かせないテストステロンというホルモンが減少し、筋肉を分解するコルチゾールというホルモンが増加してしまいます。飲酒によって、運動後の適切な栄養摂取が阻害されると、筋肉の再合成がうまくいかなくなり、せっかくの筋トレの効果が失われてしまいます。

③ 水分不足になる（脱水症状）

運動後は汗をかいて水分が不足しています。そのままの状態で飲酒をすると、アルコールには利尿作用があるので、より水分が失われがちになります。脱水状態で飲酒をするとアルコールの分解がうまくいかず、酔いやすくなります。軽度の脱水でも、頭痛、めまい、失神、けいれんなどの症状を引き起こすリスクが高まります。

④　十分な睡眠がとれない

なかなか寝つけないときの寝酒も含めて、お酒を飲むとぐっすり眠れると思われがちですが、そうではありません。

かなり酔ってしまうほどの量を飲めば急性的には催眠効果があるのはたしかです。しかし、お酒のアルコール（エタノール）は、アルコール脱水素酵素（ＡＤＨ）の作用によって主として肝臓でアセトアルデヒドという物質に分解（酸化）され、さらにアセトアルデヒド脱水素酵素（ＡＬＤＨ）によって酢酸に代謝されます。このＡＬＤＨの分解速度が遅い人は、比較的少ない飲酒の量でも、顔が赤くなる、吐き気がする、動悸がする、頭痛がするなどのフラッシング反応や二日酔いの原因となります。アセトアルデヒドには発がん性があり、特に口腔・咽頭・食道の発がんリスクが高くなります。

夜になると、尿をつくる作用を抑える「抗利尿ホルモン」が脳下垂体から分泌されます。しかし、アルコールがこのホルモンの働きを阻害するために尿の量が多くなり、夜中に何度もトイレに起きることを強いられ、それが十分な睡眠を妨げる結果にもなります。

体への悪影響を軽減させる飲み方

飲酒はこのように、広範囲に有害な影響を及ぼすものですが、いっぽうで、食欲を増進させ、緊張やストレスを和らげるといった効果もあります。少しでも体への悪影響を軽減させる飲み方をするように努めましょう。

① 飲み過ぎない

飲酒によるアルコールは、通常20％程度は胃から、残りは小腸の上部から吸収されます。吸収されるとすぐに肝臓で分解がはじまり、飲酒後の血中濃度は30分～2時間後にピークとなり、その後ほぼ直線的に低下します。

血中のアルコール分解（消失）速度には個人差がありますが、平均すると男性は1時間に9g程度、女性は6・5g程度です（厚生労働省）。

たとえば、ビール中ビン1本（500㎖、アルコール度数5％）のアルコール量25gが分解されるのに男性は2・7時間程度、女性は3・8時間程度かかる計算です。ビール1本

翌日に残さない適量の目安

アルコール	目安量	エネルギー（kcal）
日本酒吟醸	1合（180mℓ）	184
ビール	中ビン1本（500mℓ）	197
焼酎（甲類）	0.5合（90mℓ）	175
焼酎（乙類）	0.5合（90mℓ）	126
ワイン（白）	グラス1杯（120mℓ）	90
ウイスキー	グラス1杯（60mℓ）	134

『日本食品標準成分表2020年版（八訂）』（文部科学省）をもとに作成

で済めば、翌日までに分解しきれないことはないでしょうが、飲み過ぎは厳禁です。

翌日に残さない「適量の目安」（上の表）は、お酒好きには物足りない量かもしれませんが、パフォーマンスを落としたくなければ守るしかありません。

② 飲酒の前に水分、ビタミンB_1とミネラル補給

運動後は体内の水分が不足しがちで、そのまま飲酒をはじめてトイレの回数が増えれば、さらに脱水が進んでしまいます。飲酒では水分不足を解消できませんので、飲酒の前にはアルコール以外の水分、ビタミンB_1とミネラルの補給を心がけましょう。

③ 飲酒のときは低エネルギー・高たんぱく質の食事を

とる

飲酒時の食事は、焼き鳥や刺身、冷《ひ》や奴《やっこ》、枝豆といった低エネルギー・高たんぱく質、おひたしや酢の物、野菜サラダなどビタミン・ミネラルが豊富なものを選びます。おにぎりやお茶漬けで糖質補給も忘れずに。たんぱく質と糖質は、疲労の回復にもつながります。

中高年ほどアルコール摂取の影響を受けやすい

ここで、日常的な飲酒について、指摘しておきたいことがあります。それは、年齢が上がるにつれて、体はアルコール摂取の影響を受けやすいということです。

生活習慣病のリスクを高める量を飲酒している人の割合は、男性15・0％、女性8・7％で、年齢階層別に見ると、男女ともに50歳代がもっとも高く、男性22・4％、女性15・6％となっています（次ページの図）。

生活習慣病のリスクを高める飲酒の量とは、1日あたりの純アルコール量が男性40g以上、女性20g以上を指します。たとえば、男性ならば1日に清酒（180㎖、アルコール度数15％）は2合以上、ビール（500㎖、5％）、ウイスキーハイボール（400㎖、7％）

生活習慣病のリスクを高める量を飲酒している人の割合

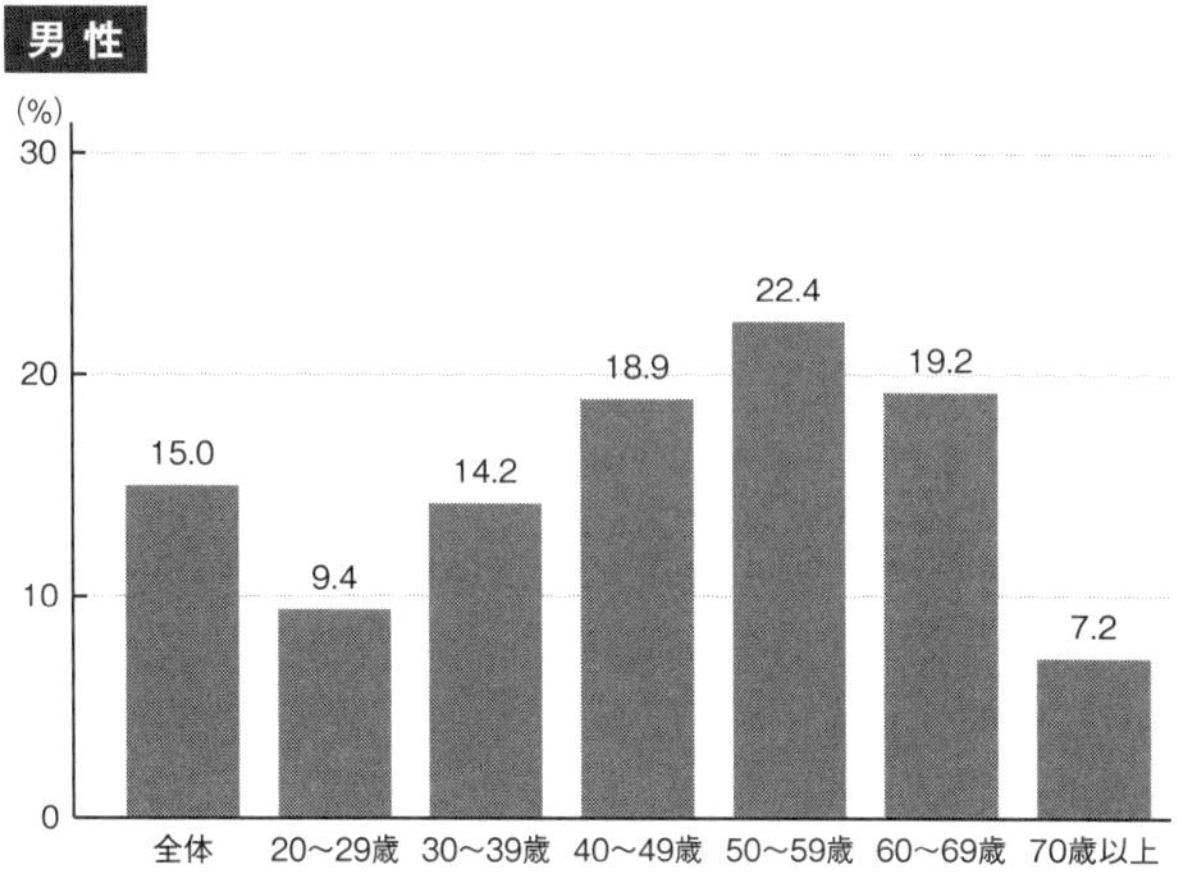

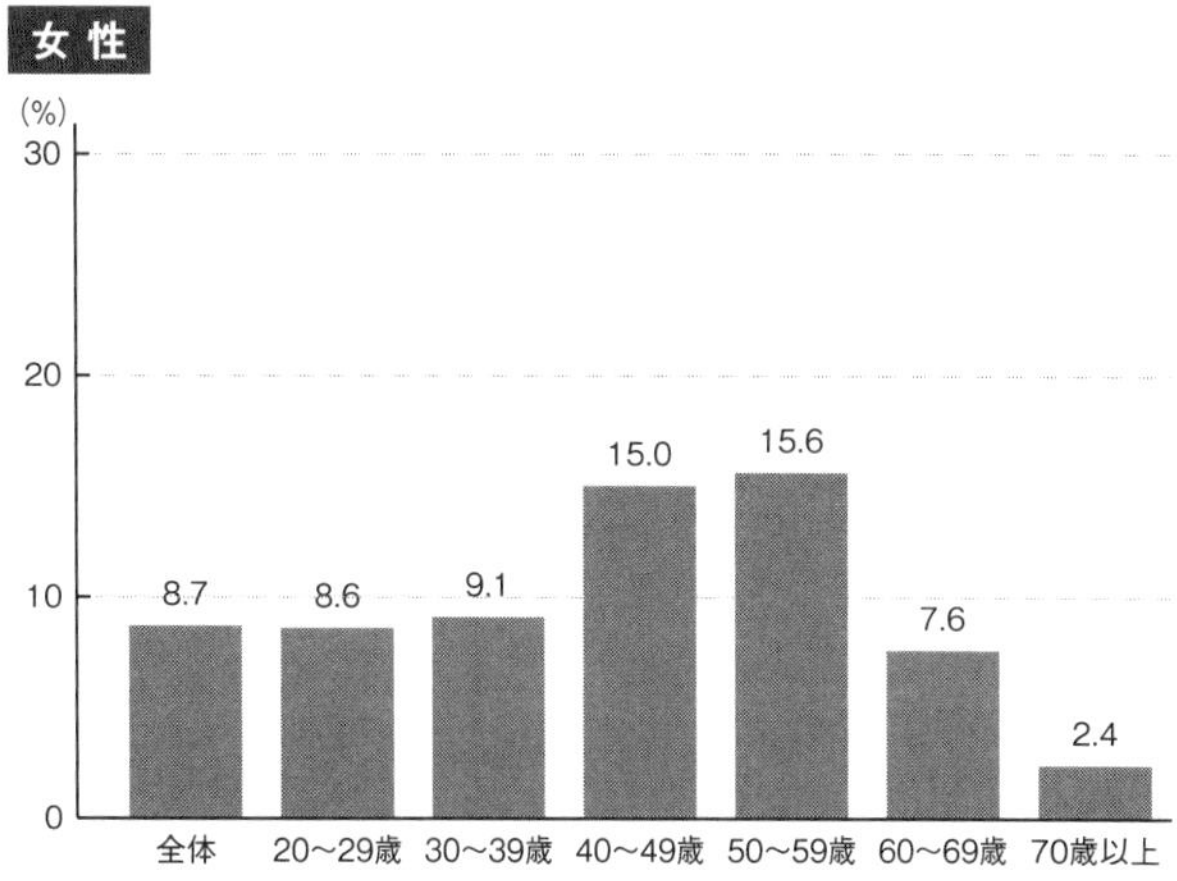

『平成30年国民健康・栄養調査結果の概要』（厚生労働省）をもとに作成

は2杯以上、缶チューハイ（350㎖、5％）などはおおよそ3杯以上に相当します。

いっぽう、加齢とともに体内でのアルコールの代謝機能が低下すると、アルコールの分解、吸収、排泄《はいせつ》に時間がかかり、通常は飲酒の量も減ってくるものです。ところが、代謝機能の低下を自覚できない人も多くいて体へのダメージはより大きくなり、高血圧症、脂質異常症、脳卒中（脳出血、脳梗塞、くも膜下出血）、がんなどの発症リスクが高まります。

中高年世代の飲酒量は、1日あたりの純アルコール量を20g以下にし、週に最低でも2日続けて休肝日を設けることが望ましいでしょう。

特にスポーツをする人にとって、「酒は好きなだけ飲みたい」と「運動のパフォーマンスを上げたい」は両立しません。あなたは、どちらを優先させますか？

第3章　競技種目の特性、期分け、性別、年齢階層によって食事・栄養のとり方はどう違うのか

しっかり体をつくり、トレーニングを積み、試合に挑み、勝利を目指す。スポーツをする人にとっては、さまざまな栄養素をどのように摂取するか、そのためにどのような食事のとり方が望ましいかは一律ではありません。次の4つのポイントについて、それぞれの違いに配慮が必要です。

①　競技種目の特性

②　期分け（練習期、試合期の区分）

③　性別
④　年齢階層

本章では、さらに踏み込んで、その違いを明らかにします。

競技種目の特性別／食事・栄養のとり方のポイント

スポーツをする人の食事を考えるとき、競技種目の特性をきちんと考慮しなければならないことはいうまでもありません。単純にいっても、陸上競技の短距離の選手と長距離の選手が同じような食事をしてよいとは到底思えないからです。

競技種目の特性に合ったエネルギーや食事・栄養をどのように摂取したらいいかを理解するにあたって知っておきたいことは、次の３つです。

- 筋肉へのエネルギーがどのように供給されているか

・どういう目的で食事をするのか
・エネルギーや栄養素はどのくらいの量を摂取したらいいのか

順を追って説明します。

筋肉へのエネルギー供給システム

骨格筋が収縮するときに使われるエネルギーがどのように供給されるかは、競技種目によって異なります。

大きく分けて、酸素を使って供給される「有酸素系」と、酸素を使わないで供給される「無酸素系」があります。それぞれのエネルギー供給率は、最大運動の持続時間や強度(パワー)と密接な関係があります。

持続時間が短いほど無酸素系のエネルギー供給率が高くなり、持続時間が長くなるほど有酸素系のエネルギー供給率が高くなります。瞬間的な最大運動の場合は無酸素系ですが、運動時間が2分程度になると有酸素系と無酸素系は同等になり、3分程度になると有酸素

有酸素系と無酸素系のエネルギー供給率と運動持続時間

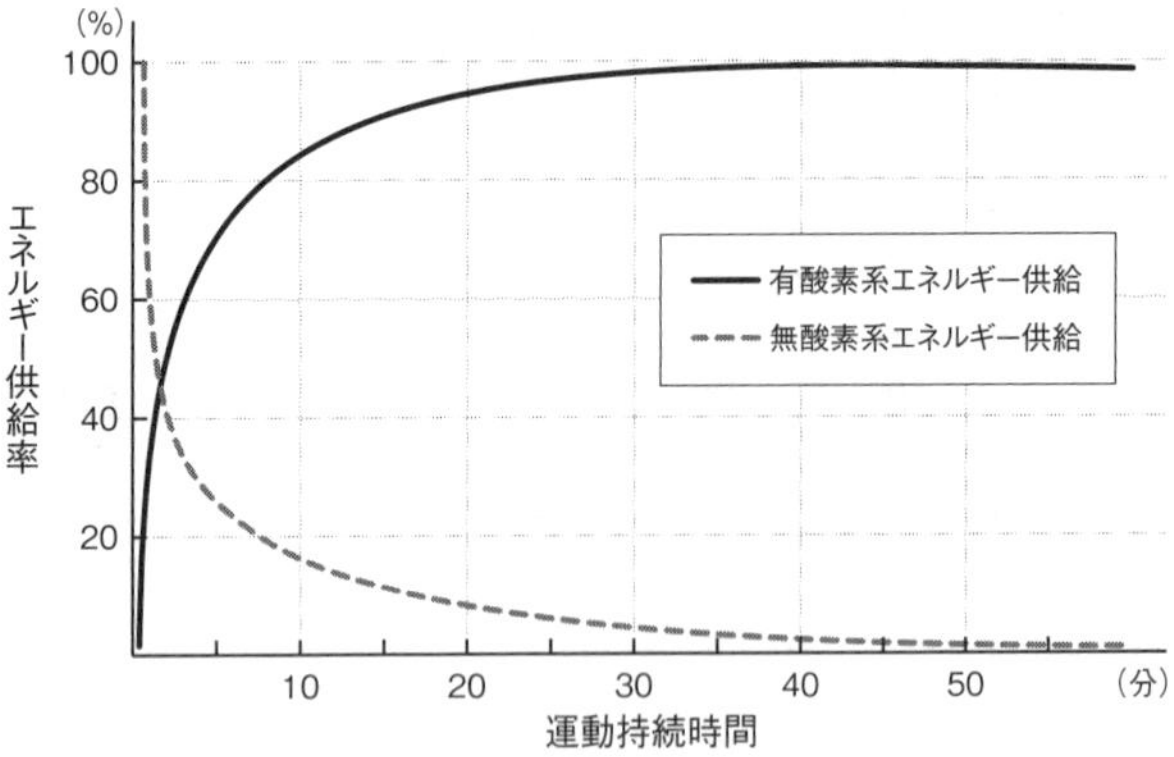

最大運動持続時間	(秒) 10	30	60	(分) 2	4	10	30	60	120
無酸素系寄与率 (%)	90	80	70	50	35	15	5	2	1
有酸素系寄与率 (%)	10	20	30	50	65	85	95	98	99

『アスリートのための栄養・食事ガイド』(第一出版)をもとに作成

系の比率が上回ります。

有酸素系によって供給されるエネルギーは、脂肪と、肝臓や筋肉に貯蔵されているグリコーゲンが分解されてつくられます。食事によって摂取された糖質は、グリコーゲンとして肝臓に１００ｇ程度、筋肉に３００ｇ程度貯蔵されています。さらに、肝臓に貯蔵されたグリコーゲンは分解されてグルコース（血糖）として血液中に放出されますが、筋肉に貯蔵されたグリコーゲンは、筋肉を動かすエネルギーとしてのみ使われます。

有酸素系運動の持続時間が長くなるにつれて、脂肪によるエネルギー供給率は高くなりますが、運動の強度が高いほど筋グリコーゲンがより多く使われます。そのために、強度の高い運動を長時間行う人は、事前に筋グリコーゲンをしっかり貯蔵するだけでなく、運動中でも糖質を含んだ吸収のよい食品を補給しなければ、高い強度を保ったままでの運動の継続は困難になります。

いっぽう、無酸素系のエネルギー供給は「乳酸性システム」と「非乳酸性システム」に分けられます。瞬間的に大きなパワーを出すような場合には、非乳酸性システムによってATP（アデノシン三リン酸）が利用されます。しかし、ATPは在庫が少なくすぐに底をついてしまうため、1分程度最大のパワーを出す競技では、乳酸性システムが使われるようになります。乳酸性システムでは、筋グリコーゲンが分解されてATPが産生されます。

エネルギーと栄養素の目標摂取量

運動やトレーニングによって消費したエネルギーや栄養素をどのくらい補ったらいいのかは、これまで述べてきた競技種目別のエネルギー供給システムや、体づくりなどの目的

エネルギー別アスリートメニュー作成基準

エネルギー（kcal）	1600	2500	3500
対象者（例）	成人一般女性 減量女性アスリート	成人一般男性 女性アスリート	男性アスリート
たんぱく質（g）	70	100	130
脂質（g）	40	70	97
糖質（炭水化物）（g）	220	370	525
カルシウム（mg）	650	800	1000
鉄（mg）	10.5	12.0	12.0
ビタミンA（μg）	700	900	900
ビタミンD（μg）	8.5	8.5	8.5
ビタミンE（mg）	6.0	6.0	6.0
ビタミンB_1（mg）	1.0	1.5	2.0
ビタミンB_2（mg）	1.2	1.6	2.1
ビタミンC（mg）	150	150	150

『日本人の食事摂取基準（2020年版）』（厚生労働省）をもとにアスリート向けに設定して作成

に加えて、現在の食事や栄養の摂取状況、健康状態、食生活習慣などを評価判定したうえで決めます。

●目標とするエネルギー摂取量

1日に必要な食事の量はどのくらいかなど、エネルギー摂取量は、競技特性によって異なることはすでに述べました。今、あなたが行っている競技の特性にあわせて、個々に算出してみましょう。

たとえば、あなたが長距離選手で、体重が51kg、体脂肪率が13％の場合、練習期での1日のエネルギー摂取量は3135㎉という計算結果が出ました（104ページの計算式を使用）。

［計算例］

体脂肪量（kg）＝51（kg）×13（％）÷100≒7（kg）

除脂肪体重（kg）＝51－7＝44（kg）

基礎代謝量（㎉／日）＝28.5（㎉／kg／日）×44（kg）＝1254（㎉／日）

1日のエネルギー摂取量（㎉／日）＝1254（㎉／日）×2.50（＊）＝3135（㎉／日）

（＊練習期の持久力系スポーツの身体活動レベル［PAL］を2・50として計算）

●目標とする栄養素摂取量

糖質・脂質・たんぱく質の三大栄養素は、筋肉を動かすエネルギーを供給することから、エネルギー産生栄養素ともいわれます。

総エネルギー摂取量を、1600㎉、2500㎉、3500㎉の3区分に分け、それぞれ対象となるアスリートがどの栄養素をどのくらいの量を摂取したらいいのかを示したのが「アスリートメニュー作成基準」（178ページの表）です。

1600kcalの食事は、不活発な成人一般女性、あるいは減量中の女性アスリート、2500kcalの食事は、やや活動的な成人一般男性、あるいは日常的にトレーニングをしている女性アスリート、さらに3500kcalの食事は、よくトレーニングをしている男性アスリー

※カロリーの右の数値はたんぱく質の量

	3500kcalの食事
	【朝食】E:884kcal、P:35g
	ライ麦パン（6枚切り2枚）
→ハムとチーズをプラス	バター＋ジャム ハム＋チーズ
	目玉焼き
	ホウレンソウのソテー
	コンソメスープ
	グレープフルーツ（半分）
	牛乳（普通牛乳 1パック）
	【昼食】E:1156kcal、P:53g
→ごはんを増やす	ビビンバ丼（ごはん300g）
→肉を増やす	牛焼肉（100g）
	ナムル（ニンジン、もやし、豆苗）
→1個に	ゆで卵（1個）
	わかめスープ
	リンゴ
	ヨーグルト
	【夕食】E:1079kcal、P:45g
→ごはんを増やす	ごはん（300g）
	豆腐と大根のみそ汁
→サケを大に	サケ（100g）の野菜あんかけ
→カボチャを増やす	茹で野菜サラダ
	ノンオイルドレッシング
	キウイフルーツ1個
	ヨーグルト
→補食をプラス	【補食①】E:211kcal、P:8g
	バナナ＋牛乳
	【補食②】E:177kcal、P:4g
	おにぎり1個

総エネルギー摂取量別アスリートメニューの具体例（金子香織スポーツ栄養士作成）

1600kcalの食事		2500kcalの食事
【朝食】E:493kcal、P:23g		【朝食】E:777kcal、P:27g
ライ麦パン（6枚切り1枚）	パン1枚に←	ライ麦パン（6枚切り2枚）
ジャム	ジャムのみに←	バター＋ジャム
目玉焼き		目玉焼き
ホウレンソウのソテー		ホウレンソウのソテー
コンソメスープ		コンソメスープ
グレープフルーツ（4分の1）	1/4に←	グレープフルーツ（半分）
低脂肪乳	低脂肪乳に←	牛乳（普通牛乳 1パック）
【昼食】E:566kcal、P:25g		【昼食】E:881kcal、P:43g
ビビンバ丼（ごはん150g）	ごはんを減らす←	ビビンバ丼（ごはん200g）
牛焼肉（50g）	肉を減らす←	牛焼肉（80g）
ナムル（ニンジン、もやし、豆苗）		ナムル（ニンジン、もやし、豆苗）
	除く←	ゆで卵（半分）
わかめスープ		わかめスープ
リンゴ		リンゴ
	除く←	ヨーグルト
【夕食】E:589kcal、P:28g		【夕食】E:839kcal、P:38g
ごはん（150g）	ごはんを減らす←	ごはん（250g）
大根のみそ汁	豆腐を除く←	豆腐と大根のみそ汁
サケ（60g）の野菜あんかけ	サケを小に←	サケ（80g）の野菜あんかけ
茹で野菜サラダ		茹で野菜サラダ
ノンオイルドレッシング		ノンオイルドレッシング
キウイフルーツ半分	半分に←	キウイフルーツ1個
ヨーグルト		ヨーグルト

トが対象です。日常の身体活動（生活活動やスポーツ）だけでなく、体格や年齢層によっても異なりますので、ここでは男女ともに平均的な体格の成人を想定しています。

さらに、アスリートメニュー作成基準に基づいて、3区分別の食事メニューの具体例を示したのが、180～181ページの表です。どの区分でも同じですが、朝、昼、晩3食とも、基本的に主食、主菜、副菜、牛乳・乳製品、そして果物をそろえて食事バランスを整えれば、必要な栄養素がバランスよく摂取できます。

ここで注目していただきたいのは、3区分とも例として挙げた食事メニューに大きな違いがないということです。違いがあるとすれば、たとえば、主食（パンやごはん）の量を増やすか減らすか、主菜（肉、魚、卵）の量を増やすか減らすか、さらに、ドレッシングをノンオイルにするかオイルにするか、調理法（素焼き、ムニエル）でカロリーの高い油をどのくらい使うか使わないかだけなのです。

ですから、ふだんの食事メニューをそれほど変えることなく、ちょっとした工夫でそれぞれ目標とする区分にあわせて増やしたり減らしたりできるので、ファミリーのなかにさまざまなスポーツをする人がいても、それほどメニューに苦労することはないのです。

競技種目別に比較すると

ここからは、競技種目を持久力系、筋力（瞬発力）系、球技系、格闘技系の4つのカテゴリーに分け、それぞれのエネルギーや栄養素の摂取のポイント、日常的な食事法の注意点について解説します。

◎持久力系

【おもな競技種目】

陸上中・長距離（マラソン、競歩）、水泳（中・長距離）、スピードスケート（中・長距離）、スキー（クロスカントリー）、自転車（ロードレース）、ボート、カヌーなど

【栄養摂取のポイントと日常的な食事】

- 糖質をもっとも重視、脂質は控えめに
- たんぱく質はしっかりとる

●大切なビタミンや鉄の補給

持久力系の競技種目では、全身を使って運動をどれだけ長く続けられるかの能力、全身持久力（スタミナ）が勝敗のカギを握ります。長時間の運動では、エネルギー消費量が多くなりますから、筋肉を動かすおもなエネルギー源となる糖質と、長時間の運動のエネルギー源として有効で、かつ筋グリコーゲンの消費の節約にもつながる脂質も忘れずにとることが必要です。

また、長い時間筋力を最大限に持続できるだけの筋量を保持することも重要な課題です。筋肉の消耗が激しいと筋たんぱく質まで分解されてしまう場合がありますから、食事ではたんぱく質をしっかりとります。

糖質は、ごはん、パン、麺類、パスタなど、5つの料理区分でいえば主食に多く含まれています。1日3食、主食はしっかりとりましょう。

脂質は、魚介類ではマグロのトロなど、肉類では牛肉のロース、乳製品ではチーズに多く含まれています。調理に油を使えば、脂質の摂取量も増えますが、とりすぎれば過体重や肥満につながりますから、控えめを心がけます。

たんぱく質は、マグロの赤身、鶏のささ身、ベニザケなどに多く含まれます。

ただ、糖質、脂質、たんぱく質だけで持久力は高まるかといえば、それだけでは不十分です。特に、糖質やたんぱく質の代謝をアップし、体内でエネルギーをつくり出すときの調整役として、ビタミンB_1、B_2、B_6といった8種類のビタミンB群が重要な役割をしています。食事では副菜をしっかりとり、ビタミンB群を補給しておくことも忘れてはいけません。


ビタミンB_1が特に豊富なのは豚肉ですが、鶏や豚のレバー、タラコ、ベニザケなどの主菜や、米や玄米などの主食にも含まれます。また、ヌカをほとんど取り除いた精白米よりも、玄米や胚芽米、あるいは麦ごはんのほうが、ビタミンB_1はとりやすいでしょう。長ネギやタマネギなどのネギ類は、ビタミンB_1の体内での吸収を促します。

ビタミンB_2は、レバー、ウナギ、卵、納豆、乳製品、緑黄色野菜に多く含まれます。

ビタミンB_6は、カツオ、マグロ、サンマなどの魚類、鶏肉や鶏・豚・牛のレバーなどの肉類のほか、大豆、サツマイモ、ゴマや、バナナにも豊富です。

鉄欠乏性貧血を訴える選手が、この持久力系に多いのも特徴です。筋肉に酸素や栄養素を運ぶ血液がより頻繁に破壊再生されるため、鉄の補給が十分でないと貧血を起こしやすくなるからです。アサリの水煮缶、豚や鶏のレバーなどを主菜として、ひじき、切り干し大根、カットわかめなどを副菜としてしっかりとりましょう。

鉄は消化吸収しにくい栄養素といわれています。主菜には吸収のよいヘム鉄が多く含まれており、副菜には吸収のよくない非ヘム鉄が含まれています。非ヘム鉄の吸収を促すのがビタミンCですから、ピーマン、パセリ、ブロッコリーなどの野菜類や、柿、キウイフルーツ、イチゴ、オレンジなどの果実類も、三度の食卓には欠かせません。

長時間の運動では汗を大量にかくので、こまめな水分補給も怠らないようにします。

◎筋力（瞬発力）系

【おもな競技種目】

陸上（短距離、跳躍、投てきなど）、水泳（短距離）、スピードスケート（短距離）、重量挙げ、

体操、自転車（スプリント）、アルペンスキーなど

【栄養摂取のポイントと日常的な食事】

- 良質なたんぱく質で必須アミノ酸を補給
- 糖質もしっかり確保、脂質は控えめに
- ビタミンB群、ビタミンCは多めに摂取

筋力系の選手に特に求められるのは、強い筋肉です。瞬間的に強い力を発揮する強靭な筋肉をつくるには、筋肉の材料となる良質なたんぱく質が豊富な食事が重要です。

良質なたんぱく質が豊富な食品は、牛・豚・鶏の肉類、マグロ、カツオなどの魚介類、卵、大豆製品、牛乳・乳製品など幅広くあります。こうした食品は、練習や試合の後、できるだけすみやかに食べると、筋肉組織の合成が高まります。

主食として、糖質を含んだ食品も忘れずに確保します。なぜなら、糖質が不足すると、筋量の増加のためにせっかく摂取したたんぱく質がエネルギーとして使われてしまうからです。

持久力系の項目でもふれたように、たんぱく質の代謝を促すビタミンB群の摂取も欠かせません。

さらに、たんぱく質は関節の腱や靭帯に多いコラーゲンをつくる材料にもなりますから、コラーゲン線維の合成に大きな役割をするビタミンCもきちんと補給します。ミカン、レモン、グレープフルーツ、イチゴ、キウイフルーツなどの果物や100%果汁ジュース、緑黄色野菜やサツマイモ、ジャガイモに多く含まれています。

◎球技系

【おもな競技種目】
サッカー、バレーボール、バスケットボール、ラグビー、アメリカンフットボール、野球、テニス、卓球、ホッケー、アイスホッケーなど

【栄養摂取のポイントと日常的な食事】
- 筋グリコーゲン貯蔵のために糖質を補給

- たんぱく質は多めに摂取
- ビタミン・ミネラルの摂取を重視

球技系のスポーツのなかには、長い時間動き続ける持久力を要するプレイと、ダッシュ、アタック、スマッシュ、シュートといったような瞬発力や筋力を要するプレイの両方が求められるケースがよくみられます。したがって、食事でも、これまで述べてきた持久力系と筋力（瞬発力）系の両方の特徴をあわせた摂取が重要な課題です。

たとえば、サッカー、ラグビー、バスケットボールのように、絶えず動き回る持久力をつけるためには糖質が不可欠です。

ヨーロッパのサッカー選手を対象に、糖質の摂取量の違いが試合での動きにどのような影響を及ぼしたかを調査した報告があります（Kirkendall DT., 1993）。試合前に糖質をしっかりとって筋グリコーゲンレベルが高い選手と、糖質をあまりとらずに筋グリコーゲンレベルが低い選手の1試合での移動距離を比較したところ、前者が12㎞、後者が9・6㎞と、2・4㎞の差が出ました。

なおかつ、試合中の動き方も、前者の場合、走っている（ジョギング&スプリント）割合が8割、歩いている割合が2割に対して、後者の場合は、双方の割合がほぼ同じという結果でした。移動距離全体が短くなったうえに、走っている距離が減り、歩いている距離が増える選手が多ければ、試合の結果がどうなるかは自明のことです。

また、相手と激しくぶつかり合ったり、急激なストップ・ターンがくり返されるため、強靭な骨格と筋肉へと強化するには、たんぱく質が欠かせません。たんぱく質によって筋量を増やし、筋力を高めることは、ケガの予防にもつながります。

もちろん、糖質やたんぱく質の合成を促すビタミンB群、骨の材料となるカルシウムとその吸収を助けるビタミンD、柔軟で強い腱や靭帯の組織合成には欠かせないビタミンCもきちんと補給します。

◎格闘技系

【おもな競技種目】

柔道、レスリング、ボクシング、相撲、空手など

【栄養摂取のポイントと日常的な食事】

- 高たんぱく質・低脂肪食を
- 骨を強化するためのカルシウムを補給
- ビタミンCやミネラルもしっかり補給

持久力と瞬間の爆発的な筋パワーをつけるには、日ごろから筋肉づくりの食事を心がけることが必要です。格闘技は、体重別に階級が分かれていることが多いため、失敗しないウエイトコントロール（減量・増量）が求められます。特に減量によって体脂肪を減らしながら筋肉をしっかりつけるには、良質なたんぱく質を多めにとるのが基本です。

高たんぱく質の食事も、肉を中心にすると高脂肪につながりやすいので、魚介類、卵、大豆製品、乳・乳製品類も加えるといいでしょう。

しっかりとした骨格づくりに、カルシウムは欠かせません。

減量中は特にストレスがたまりやすくなります。ビタミンCやビタミンB群は、抗スト

レスホルモンの合成に必須な栄養素の1つですので積極的にとりましょう。神経や筋肉の働きを保つのに必要なカルシウムや、カルシウムの吸収を助けるマグネシウムといったミネラルも、ストレス軽減に効果的な成分です。カルシウムは、しらす干しや干しエビなどの小魚類、大豆製品、乳製品など、マグネシウムは、落花生、アーモンド、大豆、納豆、ひじきなどに多く含まれます。

練習期／食事・栄養のとり方のポイント

ほとんどの競技種目には、1年1シーズンのうちで練習期・試合期・休養期（完全オフ）といった年間スケジュール（期分け）が決められています。中には、休養期がまったくないという場合もあります。

では、練習期と試合期では、食事にどう気をつけたらいいのでしょうか。

まずは、練習期において、練習がある日とない日、練習の前・中・後での食事の注意点から解説していきましょう。

練習がある日とない日の食事

食事などで摂取された栄養素がエネルギーとして消費されるエネルギー代謝は、運動をすることで高まります。しかし、練習をしない日でもエネルギー代謝は行われていますから、必要なエネルギーや栄養素は、毎日きちんと摂取しておかなければいけません。

練習を終えた後に、体力を回復させるためにエネルギーが使われる状態を、ＥＰＯＣ（Excess Post-exercise Oxygen Consumption：運動後過剰酸素消費量）といいます。激しい運動を長時間行った後も、数時間にわたってエネルギー代謝が通常よりも高まった状態で進むことが知られていて、いつもより深い呼吸や体の火照《ほて》りは、このＥＰＯＣの状態を示しています。

目に見えるエネルギー代謝の亢進《こうしん》は、収まった次の日に練習をしなかったとしても続くことがあります。どのような競技種目なのか、１週間あたりの練習の回数はどのくらいなのかによっても違いますが、体の回復（リカバリー）のことを考えたら、練習がある日とない日の食事の内容を大きく変える必要はないといえるでしょう。

ただし、食事の量はあくまでも練習で消費したエネルギー量にあわせて決めるものですから、練習が休みの日には食べ過ぎないように注意しましょう。

練習の前・中・後の食事のとり方

スポーツをする人にとって、「なにを食べるか、どのように食べるか、どれだけの量を食べるか」だけではなく、「どのようなタイミングで食べるか」もとても重要です。

練習の前と中と後では体の状態は異なりますから、それにあわせて食事のとり方も変わってきます。

【練習前】

エネルギー源として欠かせないのが、糖質です。消化のよい食品から糖質をしっかり確保しておけば、最後まで集中力を切らさずに練習を続けることができます。糖質の吸収を助けるビタミン、ミネラルもしっかりとります。

ただし、暑熱環境下において、練習開始前にエネルギーと水分補給のために高糖質のソフトドリンクを大量に飲むと、運動をはじめて15分後（飲料を摂取して45分後）に、安静にしているときに比べて血糖値が約30mg／dℓ急激に低下する「インスリンショック」を引き起こすリスクがあります。この症状は全身持久力が高いアスリートほど起きやすいことも分かっていますので、注意が必要です。

次ページの図が示すように、なにも食べていなくても（絶食条件）、朝食をきちんととっていても（運動開始3時間前の朝食摂取条件）、運動をはじめてしばらくすると血糖値の低下は同程度に起きる可能性があります。

【練習中】

練習中に欠かせないのは、水分の補給です。血液から大量の水分が失われると、体内に酸素や大切な栄養素を運ぶ血液の役割が損なわれ、疲労困憊《こんぱい》の状態を招きます。暑熱環境下では熱中症のリスクも高まり、練習に支障をきたすのは間違いありません。15分おきぐらいのこまめな水分補給を心がけ、少しバテてきたなと感じたら、スポーツドリンクやゼリータイプのサプリメントで糖質をさらに補給します（水分補給については第2章で詳述）。

血糖値低下量の比較

絶食条件

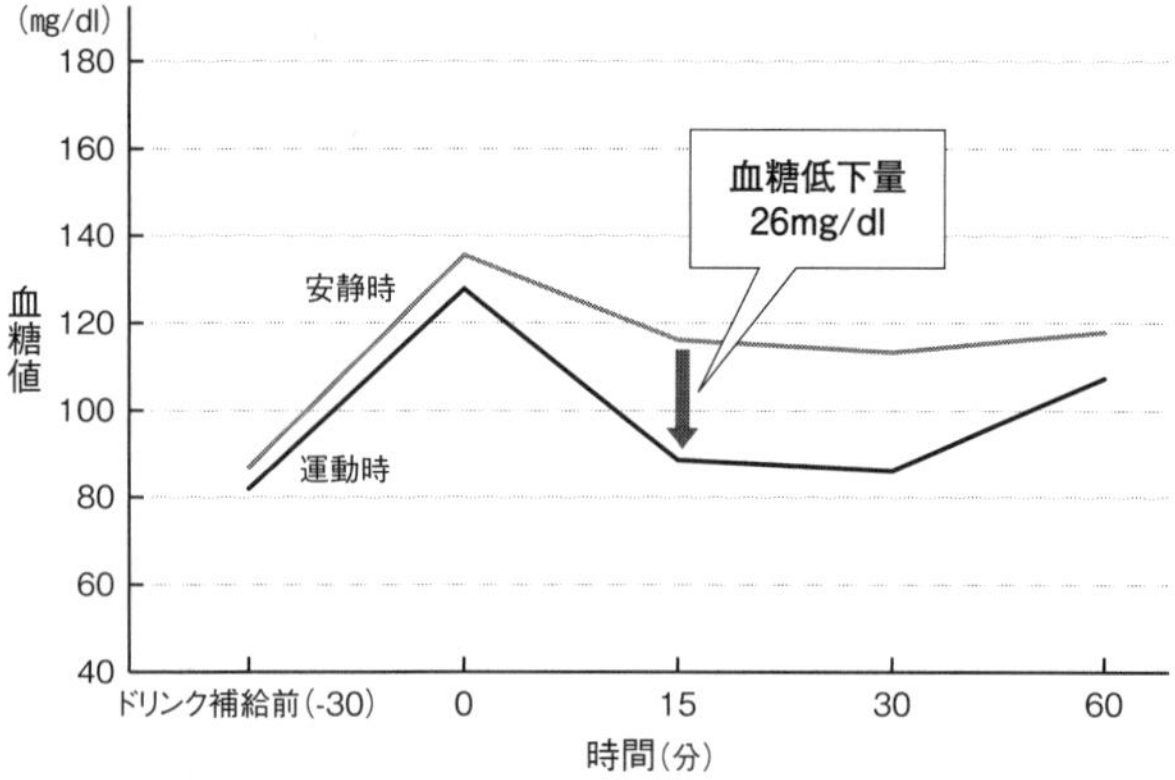

朝食摂取条件

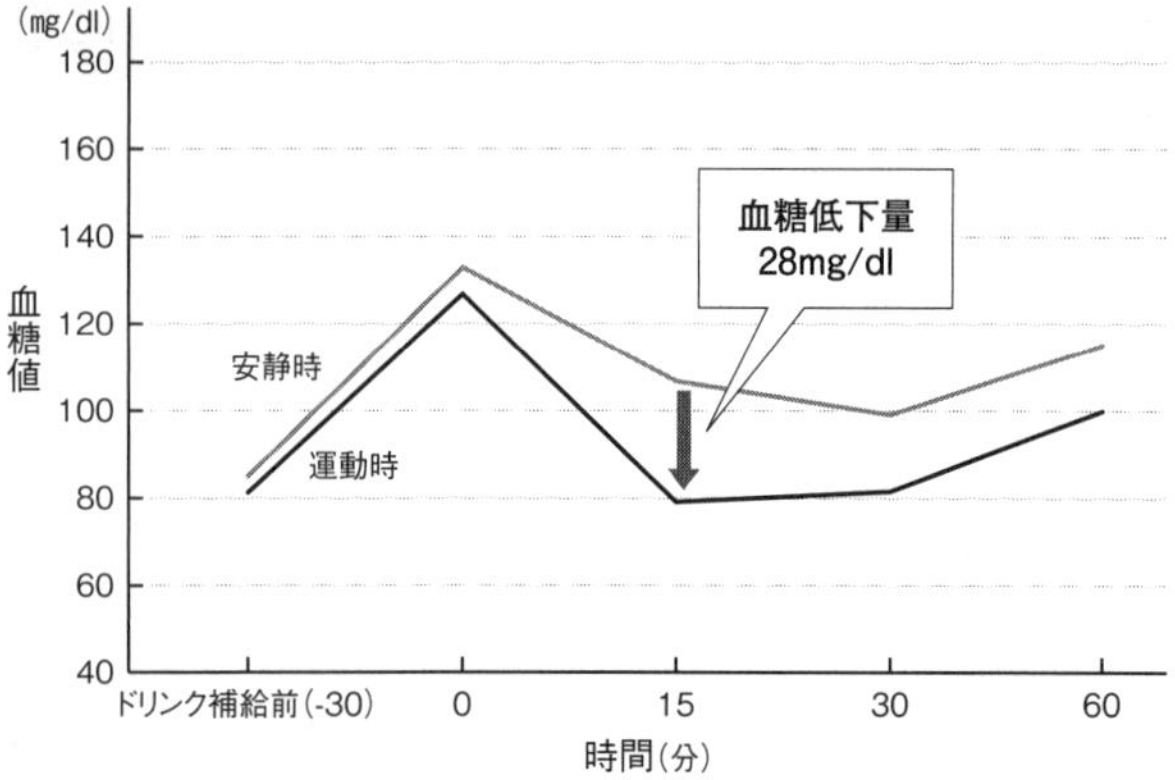

『日本スポーツ栄養研究誌』vol.12（日本スポーツ栄養学会、2019年）をもとに作成

【練習後】

練習の直後は、まずは汗で失った水分の補給です。できれば、電解質濃度が体液に近いイオン飲料などのスポーツドリンクがおすすめです。

また、長時間の持久性トレーニングを終えた後に高糖質の飲料を摂取すると、枯渇していた筋グリコーゲンのすみやかな回復に効果があります。

次の日に備えて、練習後はすみやかに、おにぎりやサンドイッチなどの軽めの食事で、糖質とたんぱく質を補給しましょう。それが、こわれた筋肉の修復に役立つのです。柑橘類や、酢、梅干しなどの酸っぱい味の食品に含まれるクエン酸は、疲労の回復に効果があります。

試合期／食事・栄養のとり方のポイント

スポーツをする人にとって、「どのようなタイミングで食べるか」は、練習期に限らず試合期においても重要で、試合の勝ち負けにも大きく影響します。

当日、ベスト・コンディションで試合に臨むための食事のポイントは、次のとおりです。

【試合前日の夕食】

日ごろから食べなれている、消化の速い、糖質中心の食事にします。特に、陸上長距離やマラソンのような持久力が必要な種目の選手は、グリコーゲンを筋肉に蓄積させる糖質が重要だからです。元気になりたい、スタミナをつけたいという理由から、トンカツ、ビーフステーキ、焼き肉、カツ丼、天ぷらといった脂っこいものをとるのは好ましくありません。

【試合当日の朝食・試合3〜4時間前】

試合の当日、朝食をとる時間は、試合の開始時刻を考慮して決める必要があります。緊張すると胃腸の消化吸収力は低下してしまいますので、試合がはじまる3〜4時間前には済ませるようにします。この時間がリミットです。

朝食のメニューで気をつけたいポイントは次のとおりです。

- ごはん、うどん、そうめん、パンなどの主食で、糖質をしっかりとります。
- 揚げ物など油を使った料理は控えめにします。脂肪やたんぱく質が多く含まれていると消化に4時間以上かかることもあり、消化不良で気分が悪くなる、腹痛を起こす、バテるなどの症状が出ますので、あっさりしたものにします。
- 食中毒を予防するために、生ものは避けます。
- ビタミンB_1やビタミンC、ミネラルが豊富な果物と、乳製品は牛乳ではなく腹痛や下痢を起こしにくいヨーグルトがおすすめです。
- 消化を助けるために、あせらずに少量ずつよく噛《か》んで食べます。
- 食事の量は、いつもの8割程度、腹八分目に抑えます。

【試合2～3時間前】

おなかのすき具合により、おにぎり、サンドイッチなどの軽めの補食をとります。サンドイッチの具は、脂肪を控えめにします。

【試合1時間前】

場合によっては、糖質中心の軽食やバナナなどの果物をとることもいいでしょう。発汗で失う水分の補給は十分に行います。

【試合30分前】

必要に応じて、バナナ、オレンジ、リンゴなどの果物でエネルギーを補給します。水分補給も忘れずに。

【試合15分前】

とるならば、ビタミン・ミネラル類やエネルギー補給もできるスポーツドリンク、ゼリータイプの栄養補助食品（サプリメント）がおすすめです。

【試合後30分以内】

消耗した体力を回復させるためには、試合後にできるだけ早く、補食によって、糖質とたんぱく質を含んだ食品でエネルギーを補給し、傷ついた筋肉を修復させることが大切です。体内から糖質が失われると、体は筋肉を分解してエネルギーをつくり出すため、これをすぐにストップさせる必要があるからです。

試合の直後は興奮していてあまり食欲はないかもしれませんので、水分補給もかねて、スポーツドリンク、エネルギーゼリー、ヨーグルトドリンク、オレンジジュースといった飲み物でもかまいません。飲み物に含まれる糖質は消化吸収が速く、すみやかに筋肉中にエネルギー源（筋グリコーゲン）として蓄積されます。

試合後30分以内に糖質をとると、グリコーゲンの回復が早まる効果が実証されています。できればシャワーを浴びる前に、体が冷えないように着がえてからとるようにします。

サケやツナなどのおにぎりや、ハムや卵などのサンドイッチは、糖質だけでなくたんぱく質によって筋肉の修復や合成が期待できます。

【試合後2時間以内】

肉、スープ、野菜、果物など、通常の食事をとります。筋肉や肝臓のグリコーゲンの回復がどれだけ進むかが、翌日の試合に大きな影響を与えますから、たんぱく質と十分な糖質を補給してスタミナを回復させておきます。

1日に複数の試合がある場合

1日に複数の試合を、数日かけて行う競技種目の場合、どのような食事のとり方が望ましいでしょうか。

一般的には、1つ目の試合が終わった後、次の試合までの空き時間によってなにを口にしたらいいかは異なります。

たとえば、30分未満の場合には、100％果汁ジュース、スポーツドリンク、エネルギーゼリーなど液体やゼリー状の飲料を補給します。30分以上1時間未満であれば、果物、エネルギーバー、一口サイズのカステラなどに加え、水分をしっかり補給します。空き時間が1時間以上ある場合は、おにぎりやサンドイッチなどの軽食、2時間以上ある場合は、糖質中心の消化のよいお弁当などを、ゆっくりとよく嚙んで食べます。食べ過ぎないように気をつけます。

試合当日のスケジュールを事前にきちんと確認し、それに備えてきちんと食事の準備をしておくことも必要です。

遠征先での食事で注意することは

スポーツをしていれば、遠征試合などで地元を離れるケースはよくあります。生活のペースも変化し、異なる気候、慣れない食べ物なども加わって、ふだんは感じることのないストレスに悩まされやすくなります。

ストレスをできる限り軽減するためには、事前に遠征先の情報をできるだけ収集したうえで、次のことに配慮しましょう。

① 食事の時間、寝る時間はいつもと変わらないように心がけます。特に、不規則な食事時間は避けます。

② 外食すると、どうしても高たんぱく・高脂肪の食事になりやすいので、特に脂肪のとりすぎには注意します。

③ 乳製品によるたんぱく質とカルシウムの摂取を欠かさないようにします。

④ 体調を維持するために、ビタミン類の摂取量をさらに増やします。ビタミンB群は穀類、豆類、緑黄色野菜などで、ビタミンCは柑橘系の果実などで摂取しやすいでしょう。

⑤ 便秘にならないように気をつけます。そのためには、食物繊維を含む食材と、水分の十分な摂取が必要です。

⑥ できるだけ消化のいい食事を心がけます。

暑い夏と寒い冬の食事の違い

猛暑の夏は、高温多湿の環境による発汗異常、室内外の温度差による自律神経の乱れなどによって、食欲減退、倦怠感《けんたいかん》、睡眠不足といった夏バテの症状を起こしやすいものです。日本スポーツ協会は、長時間運動する場合には、糖質の濃度が4~8g/100㎖、ナトリウム（塩分）の濃度が40~80㎎/100㎖の飲料を飲むことをすすめています。

いっぽう冬になると、温暖な時期に比べて消費するエネルギーの量（基礎代謝量）はやや増えますので、ふだんの食事では、少しカロリーの高いものを選ぶといいでしょう。

性別／食事・栄養のとり方のポイント

かかりやすい疾患も、身体組成も、体力も、運動能力も、明らかに男女差（性差）がありますが、そのための医療や、運動・トレーニング、食事・栄養素の摂取といった健康対策には、原則として男女の違いはありません。

しかしながら、女性は特有の問題を抱えており（男性にまったくないというわけではありませんが）、そこは十分に考慮されなければなりません。

これまでにもふれてきたとおり、女性特有の問題とは、やせ（摂食障害）、月経異常、貧血、骨粗鬆症（骨量・骨密度の低下）です。

アメリカスポーツ医学会（American College of Sports Medicine：ＡＣＳＭ）も、表現のしかたは異なりますが、「摂食障害をともなう、またはともなわない低利用可能エネルギー」

「視床下部性無月経」「骨粗鬆症」の3つを「女性アスリートの三主徴」と定義しています。継続的な激しい運動トレーニングが誘因となり、それぞれが相互に関連して発症する、女性アスリートにとって重要な健康課題です。

［やせ（摂食障害）と月経異常］

多くの女性の「やせ願望」は強く、内臓脂肪も少なくその必要がまったくないのに、無理なダイエットをくり返す傾向があります。肥満度を示すＢＭＩが18・5未満のやせ（低体重）の女性は、30〜50歳代は10％台ですが、20歳代は20％を超えています（『令和元年国民健康・栄養調査報告』厚生労働省）。

一般の人にはスマートな体つきへのあこがれが理由としてありますが、陸上長距離やマラソン、体操や新体操といった体重が軽いほうが有利とされる競技の選手の場合、過激なウエイトコントロールを強いられるケースも少なくありません。

競技種目にふさわしい適正体重、適正体脂肪率があり、それを維持するのが本来の姿で、体脂肪が少ないほど有利だと思い込むのは誤りです。

こうした選手が陥りやすいのが、摂食障害です。「拒食症」ともいわれる「神経性食欲不振症」、「過食症」ともいわれる「神経性大食症」があります。体重を減らすために、主食も肉類もほとんどとらず、低エネルギー食品ばかり好んで食べるか、食べたと見せかけて捨てたり、食べた物を無理やり吐いたり、下剤を服用する人もいます。

女性選手の低体重がもたらすものとして、栄養失調のあらわれとしての低体温、低血圧、徐脈（心臓の拍動が異常に少なく、1分間の脈拍数が50〜60以下の状態）や、月経異常（無月経）、骨密度の低下、低エストロゲン血症などが挙げられ、これらが複合してあらわれることも少なくありません。

過激な体重減は、反動として過食を引き起こすことにもなり、身体的な面だけでなく、抑うつ、イライラ、自己嫌悪といった心理的なダメージも受けます。

摂食障害の治療は、心理的な問題の解決が先決で、食事・栄養の指導は補助的なものとされています。スポーツ心理学の専門家などにできるだけ早く相談して、家族を含めてまわりが一丸となって治療をするのが重要です。

［貧血］

女性は男性に比べて体内の鉄貯蔵量が少ないうえに、月経による出血によって鉄が不足し、鉄欠乏性貧血になりやすいことはたしかです。出血量が正常の範囲内であれば問題ありませんが、出血量が多く月経が長引く「月経過多」の場合は、重度の貧血になりがちです。

貧血は、血液中の赤血球の数とそこに含まれるヘモグロビンの濃度が、男性は13～14g／dℓ以下、女性は12g／dℓ以下に低下して、体内の組織や臓器が酸欠の状態になってあらわれる症状で、希釈性貧血、溶血性貧血、鉄欠乏性貧血の3種類があります。

スポーツをする人の貧血は「スポーツ貧血（運動性貧血）」と呼ばれ、運動時に赤血球による酸素運搬能力が低下するため、持久力が低下してしまうリスクがあります。多くの人は、激しい運動をはじめたと同時に、貧血の症状があらわれます。

スポーツ貧血の多くが鉄欠乏性貧血なのは、長時間、激しい運動をすれば大量の汗をかき、汗に含まれる一定量の鉄が失われやすいからです。

また、長時間走り続ける長距離ランナーでは、足底部の持続的、機械的衝撃によって生

食品中の鉄含有量（mg /100g）

食品名		食品名		食品名	
<レバー>		<カツオ>		<その他の魚類>	
豚レバー	13.0	角煮	6.0	ふな甘露煮	6.5
鶏レバー	9.0	缶詰（味付け）	2.6	どじょう生	5.6
牛レバー	4.0	生	1.9	まぐろ缶詰（水煮）	0.6
<肉類>		<イワシ>		まぐろ缶詰（味付け）	4.0
輸入牛もも赤肉	2.6	まいわし丸干し	4.4	やつめウナギ	2.0
豚もも赤肉	0.9	缶詰（味付け）	2.3	塩さば	2.0
鶏もも皮つき肉	0.6	まいわし生	2.1	シシャモ生干し	1.6
<豆類>		<貝類>		さんま	1.4
凍り豆腐	7.5	しじみ生	8.3	ぶり	1.3
糸引き納豆	3.3	あさり生	3.8	まさば	1.2
<緑黄色野菜>		はまぐり生	2.1	黒まぐろ赤身	1.1
小松菜	2.8	かき生	2.1	わかさぎ	0.9
ホウレンソウ	2.0			しろさけ	0.5
春菊	1.7				
ブロッコリー	1.0				

『日本食品標準成分表2020年版（八訂）』（文部科学省）をもとに作成

じる赤血球の破壊による溶血性貧血もみられます。

鉄は、消化管や汗、尿から毎日排泄されますが、食物で摂取してもわずか10〜15%しか小腸から吸収されません。鉄不足にならないためには、日本人の成人では1日あたり、男性は7・5㎎、月経による失血がある女性は10・5㎎、そしてスポーツをする人は最大20㎎の摂取が必要です。特に、減量中は不足しがちになりますので注意しましょう。

鉄には、含有量がダントツのレ

バーや、赤身の肉類、魚介類など動物性食品に多く含まれるヘム鉄と、野菜や穀類、豆類に多く含まれる非ヘム鉄があります。吸収率は、ヘム鉄の20〜30%に比べて非ヘム鉄はわずか数%ですが、体内の鉄貯蔵量が少ないほど高くなり、たんぱく質やビタミンCの摂取によってより高まります。日本人は非ヘム鉄の摂取量が圧倒的に多いため、ヘム鉄の摂取を意識して増やすようにしましょう。

［骨粗鬆症］

卵巣から分泌されるホルモン・エストロゲンは、女性の生涯にわたって大きな影響を及ぼします。分泌量は20歳ごろにピークになり、50歳前後の閉経を迎えると急激に低下します。それによって体の変調をきたすのが、「更年期障害」です。さらに、血中のエストロゲンが枯渇すれば、高血圧症、脳卒中、心疾患、脂質異常症、動脈硬化や骨粗鬆症、腰痛、ひざ痛などが生じ、スポーツや身体活動が十分にできなくなります。

新しい骨をつくる（骨リモデリング）ために骨芽細胞を活発にするエストロゲンの分泌低下が女性の体に与える影響で顕著なのは、骨密度の低下です。女性の骨粗鬆症の発症リ

大豆イソフラボンが骨密度に与える影響

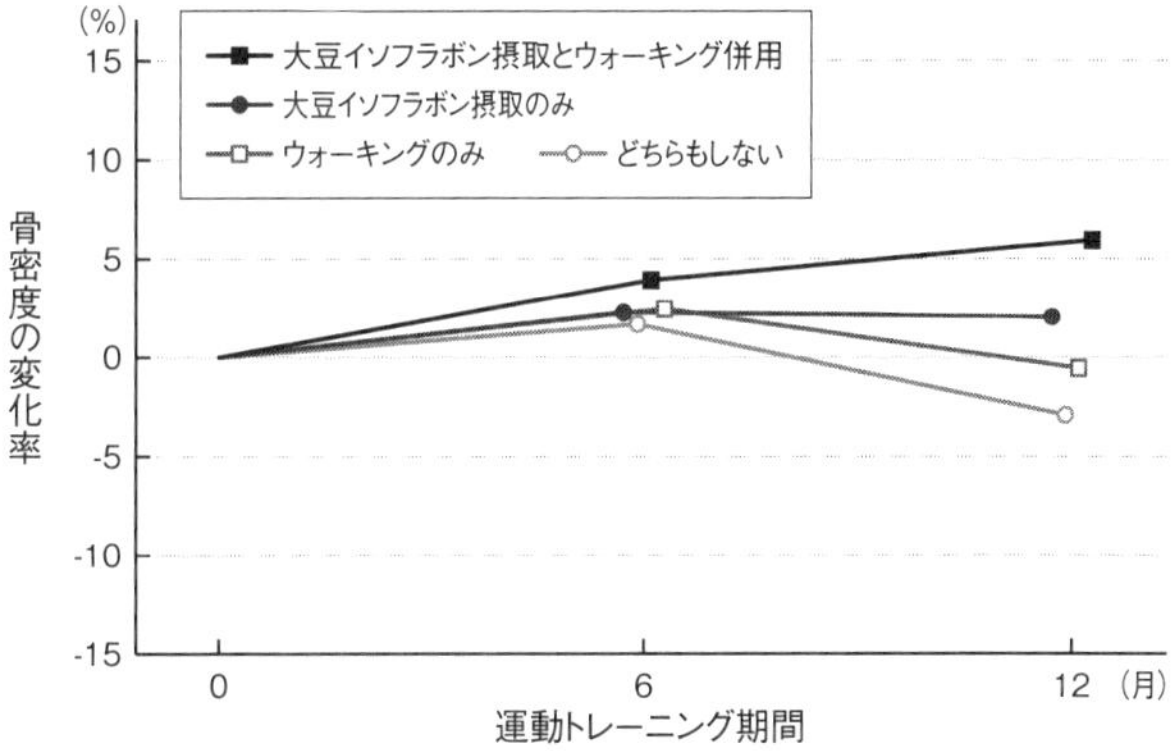

『栄養・スポーツ系の運動生理学』(南江堂)をもとに作成

スクは男性の3倍にまで高まります。

骨量の減少、骨密度の低下を抑えるにはレジスタンス運動（筋力トレーニング）が効果的ですが、加えて、エストロゲンに似た働きをする大豆イソフラボンの摂取が注目されています。イソフラボンは大豆胚芽に多く含まれているフラボノイドの一種で、きな粉、揚げ大豆、炒り大豆に多く含まれています。

大豆イソフラボンが骨密度に与える影響を見ても、ウォーキングと大豆イソフラボン摂取を併用した場合、明らかに骨密度の変化率が高くなっています（上の図）。

「骨にはカルシウムがいい」とよくいわれます。成長期の場合はその摂取量と骨密度に正の相関関係がありますが、閉経後の女性には認められないという研究報告があるため、骨密度が低下する前から、カルシウムの十分な摂取が必要であることを示しています。

また、たんぱく質や骨の成分であるリンをとりすぎると、カルシウムの尿中排泄が促進されたり、カルシウムの吸収が阻害されるおそれがあり、ほかの栄養素とのバランスも大切です。

ここまで述べてきたスポーツをする女性が抱えるさまざまな課題は、互いに連係していることが多く、解決にあたっては、本人だけでなく家族も含め、婦人科医、監督・コーチ・スポーツ栄養士といったスタッフ、心理的・精神的にデリケートな問題があれば精神科医、カウンセラーといった専門家の助言も必要です。

コラム① 女性アスリートの栄養サポート スポーツ栄養士の役割と指導ポイント

早稲田大学スポーツ科学学術院教授 スポーツ栄養研究所所長 **田口素子**

やせていないと速く走れない、食べたら太ると思い込み、指導者からも生理がなくなるまで練習すれば一人前などと言われて、食べたいものも我慢して必死で走り込む女性アスリートを見かけることがあります。

揚げ物は禁止、油を使った料理もほとんどなく、肉や野菜も茹でたものが主という食事をとる選手や、食事でごはんを抜くという選手もいます。その結果、1日のエネルギー消費量に見合うエネルギー摂取量を食事から確保することができなくなります。このような光景は1980～90年代前半には当たり前でしたが、今でも同様のケースは後を絶たず、まるで細い糸の上を綱渡りするガラス人形のような脆《もろ》さや危うさを感じざるをえません。

体内で利用可能なエネルギー量が不足することにより月経異常を引き起こし、心身のさまざまな健康を脅かすということが研究でも明らかになり、「女性アスリートの三主徴」あるいは「スポーツにおける相対的エネルギー不足」と呼ばれています。貧血や疲労骨折を引き起こしたり、代謝が下がってウエイトコントロールもうまくいかなかったりと、悪循環に陥ります。たくさんトレーニングする選手は、しっかりと食事からエネルギーを摂取しなくてはならないのです。

アスリート特有の困難な問題をもつ選手への専門的サポートは、公認スポーツ栄養士がスポーツドクターやトレーナーらと連携しながら行っています。身体組成の測定やコンディションのチェックをしながら、食事面ではエネルギー摂取量を段階的に増やすように指導していきます。

ごはんの量が少ないケースも多いので、少しずつ増やすように指導します。飲むと太ると思われがちな牛乳・乳製品はカルシウムや良質なたんぱく質、ビタミンなどを含んでおり、毎日コップ1~2杯の摂取を勧めています。野菜類のなかではホウレンソウやブロッコリーなどの緑黄色野菜が特に不足しやすいので、意識してとり入れるように話します。選手のみでなく、保護者や指導者にも栄養・食事教育を行う必要があり、筆者もアスリート向けのレシピや情報発信を積極的に行っています。

そして、エネルギー不足で引き起こされる心身の障害は女性だけのものではないのです。男性アスリートにもさまざまな問題が起こることは私たちの研究からも明らかです。健康障害を予防しながら競技力向上を目指すために、公認スポーツ栄養士の指導の下、ジュニアのうちからしっかり食べることを身につけてほしいものです。

年齢階層別／食事・栄養のとり方のポイント

［ジュニア（小学生～中高生）選手の場合］

小学生から中高生までのジュニア期は、一生のうちで体がもっとも急速に成長する、いわゆる伸び盛りの時期です。さらには、学校の部活動や地元のスポーツクラブに参加してスポーツ活動をはじめる子どもたちも多く、日々の身体活動量が増えます。

したがって、1日の総エネルギー消費量のうちの活動時代謝量がより増え、そこに体の成長にともなう組織合成と組織増加分のエネルギーが加わりますから、スポーツをしない子どもたちに比べてより多くの量の食事をとらなければなりません。

それができなければ、やせ、貧血、疲労骨折、無月経などのリスクが高まります。特に女子の場合、第二次性徴があらわれるこの時期に月経がはじまり、月経があるかないかで必要な食事による鉄分の摂取量が違ってきますから、その確認も重要です。

エネルギー不足に陥らないためには、これまで述べてきたように、1日3食しっかりとることが基本中の基本です。1食抜いてしまうと残りの2食で1日分のエネルギーをまかなわなければならなくなり、ドカ食いなどの無理が生じます。

特に朝食は、エネルギーの確保の面だけでなく、睡眠中に失われた水分の補給や、脳機能にとって重要なエネルギー源である血糖（グルコース）を補う大切な役割があります。欠食すれば、やる気や集中力が欠如し、疲労やイライラの原因にもなり、学力や競技パフォーマンスへの影響も指摘されています。

ジュニアの朝食の摂取状況を見ると、毎日食べる割合は、小学校3・4年生の男子は92・9％、女子は93・5％ですが、学年が上がるにつれて減少し、高校生の男子は79・8％、女子は82・4％と懸念すべき調査結果が出ています（『平成30・令和元年版児童生徒の健康状態サーベイランス事業報告書』日本学校保健会、2018年）。

また、小中学生にとって学校給食は、カルシウムや鉄の摂取に大きな役割をはたしていますが、より活動的な児童生徒にとっては、給食だけでは提供される食事の量が十分でない場合もあります。

朝食を抜き、さらに昼食（学校給食）の量も少ないとなると、1日のエネルギーや栄養素は、夕食や補食（間食）で確保しなければならなくなり、体づくりに大切なこの時期の食事としてはかなり不十分です。

ほかにも、練習の時間が長く帰宅時間が遅い、練習後の間食で夕食が十分にとれない、疲れで夕食後の学習に集中できない、朝起きても食欲がないなど、ジュニア期特有の問題点や、食生活への影響が出ています。

こうしたことを踏まえ、体の成長に見合ったエネルギーや栄養素の量が不足しないように食習慣を改善し、しっかりとした食生活の基盤をつくっていくことが大切です。

ジュニアに必要な栄養素

成長期のジュニア選手が食べてはいけないものは、基本的にはありません。

しかし、空腹を我慢できずにカップラーメンをすする、菓子パンをかじる、ソフトドリンクをガブ飲みするなどの間食によって1日3食がおろそかになっているケースをよく見かけます。食べ盛りの年代に「それはいけません」と強く言いにくいのは正直なところですが、間食のせいで1日3食がきちんととれないのでは、本末転倒といわざるをえません。

身体活動レベルが高いジュニア選手が、主食としてのデンプン質の糖質に加え、特に意識して摂取する必要がある栄養素は、たんぱく質、カルシウム、鉄です。必要なエネルギー量と栄養素の質・量を確保するには、筋肉増強を目的としたプロテインやサプリメントによる補給は避け、1日3食と必要に応じた補食以外に、ベストの選択肢はないでしょう。

ジュニア選手の日々の食事は、保護者の手に頼らざるをえません。家族とメニューは別にしたほうがいいのか、練習のある日とない日のメニューは変えるべきか、練習で疲れたときはなにを食べさせたらいいか、試合前にはなにか特別なものを食べさせたらいいのかなどなど、毎食の準備はたいへんですし、迷いも悩みもつきないでしょう。

しかしながら、欠食することなく、食事のたびに主食、主菜、副菜、牛乳・乳製品、果物をそろえて食べる基本をしっかり守れば、前記のような迷いも悩みも必要はありません。量は大人よりも少し多めにする必要はあるかもしれませんが、メニューは原則として家族と同じでかまいません。

ジュニアの選手もやがて成長していきますが、スポーツを続けていく以上、食事の自己管理能力を身につけなければいけません。そのためには、ジュニアの時期からしっかりとした栄養教育を受け、スポーツをする人にふさわしい食習慣を実現することがなによりも重要です。

［ミドル〜シニア選手の場合］

近年、40代からのミドル（中年層）、60代からのシニア（高年齢層）のいわゆる中高年世代のスポーツ実施率が高くなっています。

スポーツ庁の調査によると、週1日以上スポーツを行っている人の割合は、40代を底として50代からは増えていて、もっとも高いのは70代の73・4％（男性74・4％、女性72・5％）で、全世代の平均53・5％を大きく上回っています。

この年代層がなぜスポーツをするのか、その理由は、「健康のため」「体力の増進・維持のため」「楽しみや気晴らしとして」「運動不足を感じるから」が上位を占めていますが（令和元年「スポーツの実施状況等に関する世論調査」）、中には、マスターズ陸上やマスターズ水泳といった競技大会への出場を目指してトレーニングに励む人も少なくありません。

実は私自身、高校・大学時代にボート部に籍を置き、現在にいたるまで競技スポーツとしてのローイング（ボート漕《こ》ぎ）に関わってきました。健康増進という視点からローイングを研究するようになったのも、アメリカ・ミズーリ州セントルイスのワシントン大学医学部でホロツィ教授の研究室に在籍したのがきっかけでした。

教授として招聘《しょうへい》された早稲田大学スポーツ科学部（現・スポーツ科学学術院）の学部ゼミにも、歴史ある早稲田大学漕艇部《そうていぶ》の部員が在籍し、ともに健康スポーツ科学としてのローイングの研究を進めてきました。

私は研究のかたわら、国際ボート連盟が主催する「ＦＩＳＡ世界ボートマスターズレガッタ」に２００２年以降ほぼ毎年出場し、仲間のクルーとともに乗艇のトレーニングを今でも続けています。

ミドルの過栄養とシニアの低栄養

ミドルからシニアにかけて、加齢とともに切実な問題としてのしかかってくるのが、身体的特徴の変化と運動機能の低下によるさまざまな健康課題です。その解決のために中高年のスポーツ実施率が高くなるのも当然といえば当然ですが、ミドルとシニアでは、健康課題は同じではありません。

ミドルの健康課題は、「過栄養（栄養素の過剰摂取）」や運動不足による肥満の解消です。過栄養による内臓脂肪型肥満は、日本人の死因の約6割を占める生活習慣病のリスクを高めます。内臓脂肪の蓄積を判断する腹囲の数値に加えて、血中脂質・血圧・血糖の数値から判断される脂質異常・高血圧・高血糖のうち2つ以上を保有しているのがメタボリックシンドローム（略称メタボ）です。進行すれば、死にいたるか重大な後遺症を招きます。

また、ミドルにとって、高たんぱく質食は、血中のインスリン様成長因子I（IGF－I）の濃度を高めてがん細胞を活性化させ、がんの発症率、死亡率を高めます。しかし、65歳以上のシニアになると高たんぱく質食の影響はなくなり、むしろたんぱく質をしっかり摂取している人のほうが、がんの死亡率が低くなる傾向があると報告されています(Levine ME et al., 2014)。

いっぽうシニア、特に75歳以上の後期高齢者の方の健康課題は、「低栄養」によるやせすぎの改善です。サルコペニア（加齢にともなう筋量の減少、筋力の低下）や、筋肉や骨などの運動器の障害であるロコモティブシンドローム（略称ロコモ）、要介護の前段階であるフレイルの予防がねらいです。

低栄養とは、健康に生きるために必要な量と質の栄養素が摂取できていない状態のことです。不適切な食生活、栄養に対する誤った認識、加齢による味覚・嗅覚障害、食欲低下や疾病など、社会的、精神心理的、身体的なさまざまの要因によって生じます。

加齢による食欲の低下には、食欲調節ホルモンの1つであるたんぱく質「グレリン」の分泌低下が関連しています。グレリンを活性化し、食欲を増進させるには、中鎖脂肪酸が必須ですので、中鎖脂肪酸を多く含むココナッツ油や牛乳を摂取するといいでしょう。

また、たんぱく質やエネルギーの不足は、筋力や免疫力の低下、貧血、脳出血などの原因となります。カルシウムやビタミンDが不足して骨量や骨密度が低下すれば、骨粗鬆症も心配されます。

運動に関係する骨格筋も、全身の筋量は45歳あたりから減少をはじめ、40歳ぐらいまでキープされていた筋力も低下していきます。最大酸素摂取量が指標の全身持久力も加齢にともなって低下します。

筋力や全身持久力の低下の先に待ち受けているのが、体力の低下です。健康で生き生きと暮らしていくには、体力をつけるように努めることが重要です。そのためには、運動・

トレーニングと食事摂取のいずれもおろそかにすることはできず、車の両輪で進めていかなければなりません。運動・トレーニングについては、前著『体力の正体は筋肉』『女は筋肉 男は脂肪』（いずれも集英社新書）にて詳述しています。

運動・スポーツの観点から欠かせない、筋肉と栄養素の働きとの関係を示したのが、次ページの表です。

筋量の減少、筋力の低下を考えるならたんぱく質、体を動かすエネルギーを確保し長時間運動するときのパフォーマンスを高めたいなら糖質や脂質、体の調子を整えるならビタミン、筋肉や骨などの体の組織をつくり代謝を調節するためならミネラルといったように、これまで個々の栄養素が健康にどのような影響を与えているかという研究が多くなされてきました。ある栄養素の不足や欠乏によってある症状が出たら、その栄養素を含む食事を意識してより多くとることが必要になってきます。

運動・スポーツとの関連で、中高年が特に意識したい栄養素は、とりすぎに注意が必要なエネルギー源である糖質と脂質、不足が心配なたんぱく質、ビタミンDです。

筋肉と各栄養素のおもな働きとの関係

栄養素	おもな働き	多く含まれる食品
たんぱく質	筋肉や血液など体の組織や細胞をつくる、体の調子を整える	肉、魚、卵、大豆製品など
糖質（炭水化物）	筋肉など体を動かすエネルギー源になる	ごはん、パン、麺類、いも、砂糖など
脂質	筋肉など体を動かすエネルギー源になる	牛肉・豚肉の脂身、乳製品、バターなどの油脂類、豆類、植物油など
ビタミン	代謝を調節して体の調子を整える	緑黄色野菜、果物、レバーなど
ミネラル	筋肉、骨、歯など体の組織をつくる、代謝を調節して体の調子を整える	[カルシウム] 牛乳・乳製品、小魚、大豆製品、海藻類、緑黄色野菜
		[カリウム] 果物、野菜、いも、豆類、干物
		[鉄] 海藻類、貝類、レバー、緑黄色野菜
		[マグネシウム] 豆類、種実類、海藻類、魚介類
		[リン] 魚介類、牛乳・乳製品、豆類、肉類など

『健康運動指導士養成講習会テキスト（下）』（健康・体力づくり事業財団、2015年）をもとに作成

〈たんぱく質〉

たんぱく質は、筋肉や血液など体の組織や細胞をつくる重要な栄養素ですが、日本人の摂取量（1人1日あたり平均値、男女計）が、平成7（1995）年の81・5gをピークに平成30（2018）年は70・4gと減る傾向にあります（『平成30年国民健康・栄養調査結果の概要』厚生労働省）。

加齢とともにあっさりした食事を好むようになって肉をあまり食べなくなり、運動不足や身体活動量の減少による食欲不振などで食事の全体量が減るなど、特にシニアのたんぱく質不足は気になるところです。たんぱく質の摂取不足が直接的な影響をもつ病態として、サルコペニアやフレイルが考えられるだけに、なおさらです。

1日のたんぱく質推奨量は、15〜64歳の男性は65g（65歳以上は60g）、18歳以上の女性は50gとされています。特に、スポーツをする身体活動量の多い高齢者は、この推奨量を下回らないようにしたいところです。

〈ビタミンD〉

加齢とともに、血中のビタミンDの濃度は低下する傾向にあります。骨をつくるカルシウムの腸管での吸収を促し、カルシウム代謝や骨代謝と密接な関係があるビタミンDは、骨粗鬆症が心配な高齢者にも欠かせない栄養素です。

カルシウムは、筋肉の収縮や神経伝達にも関連があり、血中のカルシウム濃度を一定に保つビタミンDが不足すれば筋力の低下を招き、ロコモの発症リスクを高めてしまいます。

さらに、ビタミンDは糖尿病予防、がん予防、認知症予防また免疫機能維持にも関連していることが、最近の多くの研究から明らかになってきています。

ビタミンDは1日に5・5μg（マイクログラム）の摂取が必要とされ、白サケ、サケ、イワシなどほとんどの魚類に多く含まれ、干しシイタケなどのきのこ類にも含まれています。そればかりでなく、日光を浴びることでも体内（皮膚）で合成されます。季節や地域によって異なりますが、1週間に2日ほど、長くても30分程度でかまいませんから、顔・腕・足先など体の一部に浴びるだけでも効果があります。

このように、中高年が特に意識したい栄養素を摂取しやすい食事のパターンがあります。

副菜重視型食事パターンと微量栄養素摂取との関係

男性

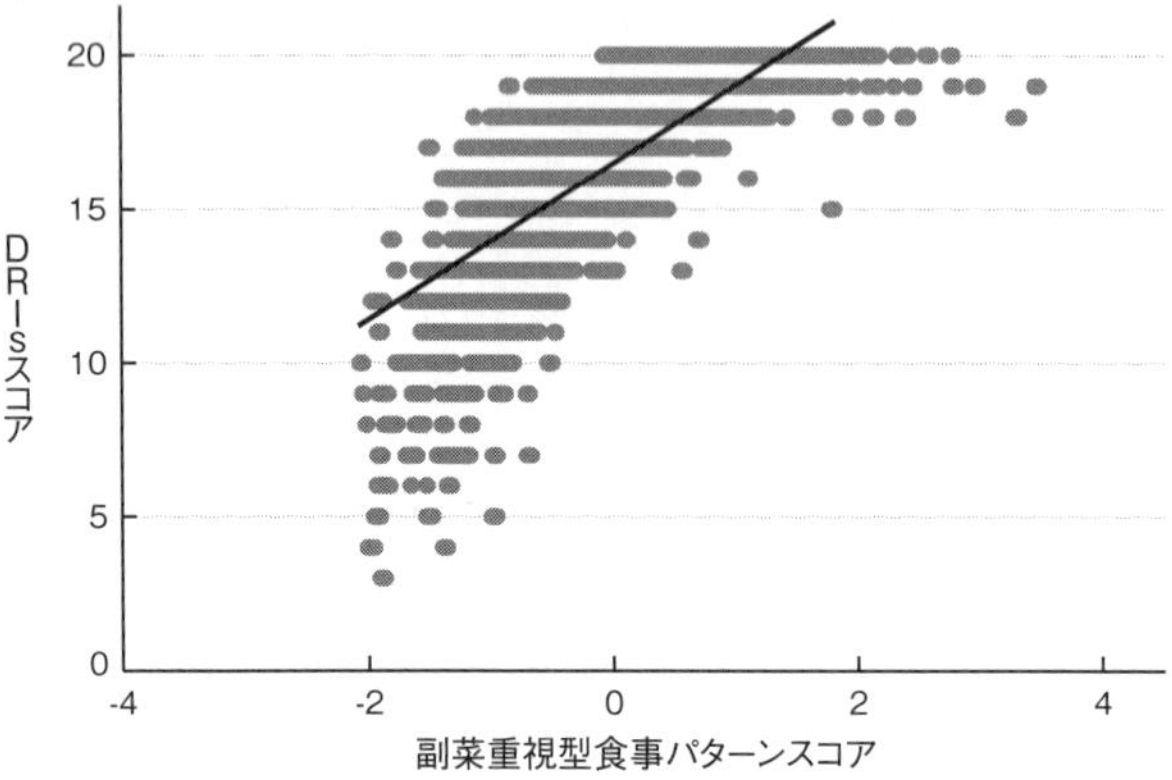

女性

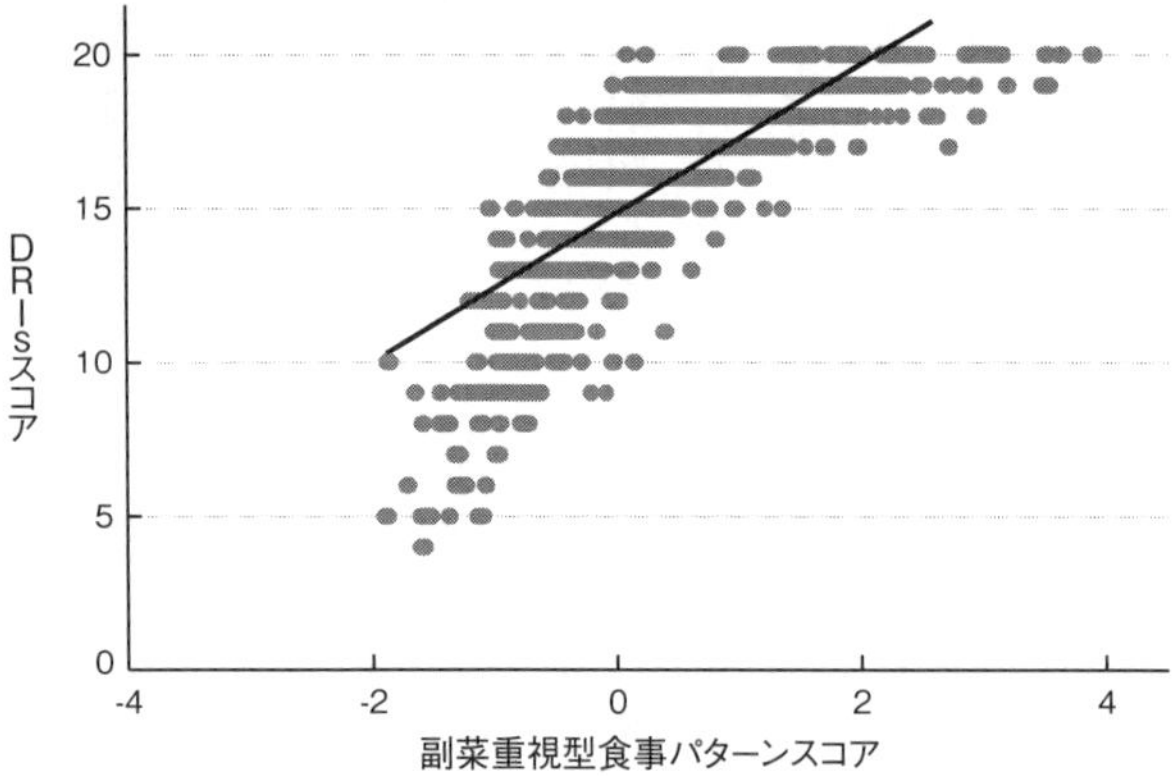

Ito et al. Nutrients, 2019. より一部改変

それが、「副菜重視型」と呼ばれるものです。

野菜、果物、海藻、きのこ、いも類、豆類といった副菜を重視し、主食のごはんの摂取量が少なめなのが特徴です。たんぱく質や食物繊維の摂取比率が高く、糖質の摂取比率は低く、微量栄養素のバランスがよい副菜重視型が、中高年にとってヘルシーな食事パターンであることが、早稲田大学スポーツ科学学術院で行われている栄養食事調査（WASEDA's Health Study）で分かりました。

前ページの図のように、副菜重視型食事パターンの主成分をスコア化したもの（横軸）と、微量栄養素の摂取状態を評価するためのＤＲＩｓ（Dietary Reference Intakes：食事摂取基準）スコア（縦軸）との相関係数を見ても、男女とも、副菜重視型のスコアが高くなるほど微量栄養素が適正に摂取されていることが示されています。

副菜型を重視する男性中高年者の腹囲や内臓脂肪面積が小さいのは、たんぱく質の摂取が適正で、ビタミン、ミネラル、食物繊維、さらにはオメガ3系の脂肪酸摂取も多く、それらの複合的な作用が内臓脂肪の蓄積を抑えたからではないかと考えられます。ぜひ、取り入れてみてはいかがでしょう。

コラム② ジュニアトップ卓球選手に対する栄養指導

高崎健康福祉大学　健康福祉学部　健康栄養学科教授　木村典代

選手の食および食行動は選手自身だけではなく、選手を取り巻く人や物による影響を受けます。ジュニア選手においては特にその傾向が強く、たとえば、バランスよく食べたいと思っていてもつくってくれる人がいなかったり、試合後にすぐになにかを食べたいと思っていても近くにお店がなかったりすると、食行動が制限されます。このような食環境を改善することで、選手が自発的に食管理できるようになり、競技力の向上にもつながります。

公益財団法人日本卓球協会のスポーツ医・科学委員会には5名の公認スポーツ栄養士が所属し、ジュニアトップ選手を対象に、食教育を含む食環境の整備を行ってきました。親元を離れて合宿生活を送ることが多いため、身の回りのことは自分自身で行わなくてはなりません。公認スポーツ栄養士が定期的に栄養アセスメント・栄養教育を実施するとともに、合宿所の管理栄養士などと連絡をとり、食の状況を把握できるようにしています。このような活動により、国内においては、選手が自ら必要な食材を選んで食べることができるようになってきています。

しかし、今後、国際大会での活躍が期待されるジュニアトップ選手には、海外でも日本にいるときと同じように食事を準備できる能力が求められます。中には1年の大半を海外で過ごしている選手もいます。海外での試合数はとても多く、トーナメントを勝ち抜くほど、試合時間は長く、休憩時間は短くなり、食事や睡眠のための時間が削られてしまうこともあります。海外ではそれまで食べたことのない料理を受け付けられない選手もいます。その結果、体重は減少し、疲労や緊張感も加わり、コンディションを崩すこともあります。日本国内ではよい食習慣が身についていても、海外に行くとたちまち食生活が崩れてしまうことが多くなります。

そこで、私たちは、「海外遠征時に自分自身でできる食の管理」をテーマとして指導をくり返し行ってきました。その結果、自分が食べられるものを補食として準備したり、あらかじめ自分の好きなふりかけや調味料を持参したりするような選手が出てきました。このように、海外でも食べられる方策を指導することは、ジュニアトップ選手の健康を保つうえでも重要です。

選手としての食の実力が高い人は、どこの国に行っても、さまざまな工夫を凝らして自分の食を守る術《すべ》を身につけています。ジュニア期の食指導のなかでは、家庭との連携や親に対する指導が重要視されがちですが、トップ選手になればなるほど、家庭に頼らず、選手自身が食環境を守ることが必要になります。ふだんから補食の用意や朝ごはんの準備などに関わらせることが選手自身の食環境を守ることにつながるのです。

おわりに

〝スポーツをする人〟といっても、ひたすら勝利のために、パフォーマンス向上を目指しているアスリートから、レクリエーションとしてスポーツを愛好している人々など多様であり、年齢階層もジュニアといわれる小・中学生、高校生から、ミドル、シニアにいたる成人男女まで広範囲にわたっています。そして、日々実践されているスポーツ種目もさまざまであり、スポーツをする人はそのレベルの如何《いかん》にかかわらず、体づくりのためにトレーニングを行ったり、コンディションを整えてレースやゲームへの出場を目指したりしています。それを支えているのは日常の食事であり、適切な栄養摂取です。

スポーツ選手の栄養サポートに資するために、1970年代には、国立栄養研究所（現、国立健康・栄養研究所）の研究員が中心となって『スポーツマンの食事の取り方ガイドブック』（日本体育協会）が作成されています。国立栄養研究所では、スポーツをする人の身体組成、エネルギー代謝の調査研究が長年にわたって行われてきた伝統があります。

私は、研究所で健康増進に関する運動生理・生化学的研究をヒトと実験動物で進めてきました。その間に、スポーツ栄養に関心をもつ管理栄養士とともに、研究室の片隅で勉強会をはじめましたが、それが私のスポーツ栄養に関する研究のきっかけとなりました。

1997年には、日本体育協会スポーツ医・科学専門委員会のプロジェクト研究として、研究者、大学、民間企業のスポーツ栄養関係者を班員として研究班が構成され、そこで、陸上競技、水泳、ボート、テニス、スピードスケートなどのアスリートを対象として、エネルギー代謝に関連するビタミン、抗酸化ビタミンを中心とした食事・栄養調査、血液生化学的検査、さらに身体組成と基礎代謝の測定などが行われてきました。

私のスポーツ栄養研究は、運動生化学の知見から学び、スポーツ実践の体験から着想し行われてきましたが、常に研究成果をスポーツ現場へフィードバックすることを心がけてきました。私が研究班長をした日本体育協会スポーツ医・科学専門委員会でのスポーツ栄養に関する調査研究プロジェクトの成果は『小・中学生のスポーツ栄養ガイド　スポーツ食育プログラム』（女子栄養大学出版部、2010年）として出版され、スポーツ栄養士グループに対して、第13回秩父宮《ちちぶのみや》記念スポーツ医・科学賞奨励賞が授与されています。

今日のわが国におけるスポーツ栄養実践の進化と広がりは目覚ましいものがあります。また、近年のスポーツ栄養研究の深化と発展も顕著になっています。しかし、本書では紙幅の制約もあり、それらの詳細については割愛せざるをえませんでした。スポーツ栄養の実践に関心のある方は『エッセンシャル　スポーツ栄養学』を、そしてスポーツ栄養研究に興味のある方は『2020年版　スポーツ栄養学最新理論』（いずれも市村出版、2020年）を手に取られることをおすすめします。

本書によって、スポーツをするあらゆる人のコンディショニングやパフォーマンスアップを支える食事と栄養についての基本的な理解を深め、実践への応用に役立てていただけることが、私の願いであり、大きな喜びでもあります。出版にあたり、集英社新書編集部の金井田亜希さん、そしてコーネルの小野博明さんに深く感謝いたします。

2021年3月

樋口　満

参考文献（順不同）

栄養学

佐々木敏『佐々木敏のデータ栄養学のすすめ』女子栄養大学出版部、２０１８年
医薬基盤・健康・栄養研究所監修、柴田克己・合田敏尚編『基礎栄養学 改訂第6版』南江堂、２０２０年

スポーツ栄養学

『臨床スポーツ医学 臨時増刊号 スポーツ栄養の実際』文光堂、１９９６年
石井恵子・田口素子・古旗照美・スポーツダイエティシャンズネットワーク責任編集『ジュニアアスリートの食事と栄養』ベースボール・マガジン社、１９９９年
財団法人日本体育協会スポーツ医・科学専門委員会監修、小林修平・樋口満編著『アスリートのための栄養・食事ガイド 第2版』第一出版、２００６年
樋口満編著『新版コンディショニングのスポーツ栄養学』市村出版、２００７年
杉浦克己・田口素子・大﨑久子『選手を食事で強くする本』中経出版、２００７年
田口素子編著、辰田和佳子・長坂聡子著『戦う身体をつくる アスリートの食事と栄養』ナツメ社、２００７年
財団法人日本体育協会・樋口満監修、こばたてるみ・木村典代・青野博編『小・中学生のスポーツ栄養ガ

イド　スポーツ食育プログラム』女子栄養大学出版部、２０１０年
樋口満監修『アスリートのためのスポーツ栄養学　強くなるための栄養補給』大塚製薬、２０１２年
公益財団法人日本体育協会監修、こばたてるみ著『小学生の新しいスポーツ食事メニュー３２１』西東社、２０１２年
岡村浩嗣『ジムに通う人の栄養学　スポーツ栄養学入門』講談社、２０１３年
田口素子・樋口満編著『体育・スポーツ指導者と学生のためのスポーツ栄養学』市村出版、２０１４年
「新しい食生活を考える会」編著『食品解説つき新ビジュアル食品成分表　新訂第二版』大修館書店、２０１６年
寺田新『スポーツ栄養学　科学の基礎から「なぜ？」にこたえる』東京大学出版会、２０１７年
寺田新編著『２０２０年版　スポーツ栄養学最新理論』市村出版、２０２０年
日本スポーツ栄養学会監修、髙田和子・海老久美子・木村典代編集『エッセンシャル　スポーツ栄養学』市村出版、２０２０年
田口素子監修、早稲田大学スポーツ栄養研究所・エームサービス株式会社著『アスリートのための朝食術』女子栄養大学出版部、２０２０年

発育発達学

髙石昌弘監修、樋口満・佐竹隆編著『からだの発達と加齢の科学』大修館書店、２０１２年

その他

樋口満編著『ローイングの健康スポーツ科学』市村出版、２０１１年
樋口満監修、湊久美子・寺田新編『栄養・スポーツ系の運動生理学』南江堂、２０１８年
Zsolt Radák 著、樋口満監訳『トレーニングのための生理学的知識』市村出版、２０１８年
樋口満『体力の正体は筋肉』集英社新書、２０１８年
樋口満『女は筋肉 男は脂肪』集英社新書、２０２０年

樋口 満（ひぐち みつる）

一九四九年生まれ。早稲田大学スポーツ科学学術院名誉教授。アクティヴ・エイジング研究所顧問。教育学博士。名古屋大学理学部化学科卒業。東京大学大学院教育学研究科修士課程修了。専攻は健康スポーツ科学、スポーツ栄養学。ハンガリー体育大学名誉博士。日本スポーツ栄養学会・日本体育学会名誉会員。第二〇回秩父宮記念スポーツ医・科学賞功労賞受賞。著書に『体力の正体は筋肉』『女は筋肉 男は脂肪』など多数。

スポーツする人《ひと》の栄《えい》養《よう》・食《しょく》事《じ》学《がく》

集英社新書一〇六五I

二〇二一年四月二一日 第一刷発行

著者……樋《ひ》口《ぐち》 満《みつる》

発行者……樋口尚也

発行所……株式会社集英社

東京都千代田区一ツ橋二-五-一〇 郵便番号一〇一-八〇五〇

電話 〇三-三二三〇-六三九一（編集部）

〇三-三二三〇-六〇八〇（読者係）

〇三-三二三〇-六三九三（販売部）書店専用

装幀……原 研哉

印刷所……凸版印刷株式会社

製本所……加藤製本株式会社

定価はカバーに表示してあります。

ISBN 978-4-08-721165-8 C0247

Printed in Japan

a pilot of wisdom

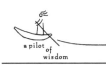